Henning Stoffers

Münster zurückgeblättert

mmm
münstermitte
medienverlag

Auf ein Wort

Seit über 10 Jahren trage ich Postkarten, Fotografien und Dokumente über meine Heimatstadt Münster zusammen und halte mich häufig im Stadtarchiv oder in der Landesbibliothek auf. Ich will es wissen: Wie sah das Münster der alten Tage aus, wie z.B. der Bahnhof oder das Kreuzviertel oder woher kommt der Name „Kuhviertel"?

Vor mehr als 10 Jahren habe ich die erste alte Postkarte gekauft, sie zeigt den Aasee zur Zeit des 2. Weltkriegs. Von da an ging es los. Mittlerweile umfasst meine Sammlung sehr viele Bilder, Bücher und Dokumente. Ich nenne sie „meine stummen Zeitzeugen der Stadtgeschichte", dabei erzählen sie beim genauen Betrachten dem aufmerksamen Beobachter doch eine ganze Menge.

Aus unterschiedlichen Themenbereichen ergaben sich wie von selbst kleine Bildgeschichten – sei es über Stadtviertel, Straßen, Ereignisse, Künstler oder Persönlichkeiten, Stadtentwicklung oder auch Kurioses. Viele Orte existieren heute nicht mehr. Gebäude wurden abgerissen und ganze Straßen sind heute kaum wieder zu erkennen. Andere Orte haben sich rasant entwickelt. Wo wir früher als Kinder Drachen steigen ließen, befindet sich heute das Finanzamt Münster-Außenstadt.

In der Sprache sachlich und anschaulich bebildert sollen meine Geschichten die Leserschaft erreichen. Im Internet entstand eine Plattform (www.sto-ms.de), die im Laufe der Jahre inhaltlich stetig wuchs und inzwischen eine große Anzahl von Anhängern hat.

Ob die Geschichten auch als Buch herausgeben werden könnten, wurde ich verschiedentlich gefragt. Diese Anregung habe ich aufgenommen, und so ist dieser Band entstanden. Die zehn ersten Geschichten habe ich hier zusammengestellt. Vom Turm der Lamberti-Kirche über den Bahnhof, Pinkus Müller und den alten Zoo bis hin zum Kreuzviertel.

Kommen Sie mit auf meine kleine Zeitreise. Wir blättern zurück in das Münster, wie es früher einmal war.

Wenn Sie selbst noch alte Fotos und Dokumente haben, die Wissenswertes beinhalten, schreiben Sie mir. Meine Neugierde ist grenzenlos. Sie erreichen mich über den Verlag. Ich freue mich darauf!

Ihr Henning Stoffers

St. Lamberti
Turmgeschichten

St. Lamberti

Turmgeschichten

Die Anfänge

Ganz gleich aus welcher Perspektive: krönender Abschluss oder bedeutsamer Anfang des Prinzipalmarktes ist Münsters Marktkirche St. Lamberti.

Ein beeindruckender Bau westfälischer Spätgotik, gebaut aus dem Sandstein der Baumberge.

Wann genau St. Lamberti errichtet wurde, ist nicht bekannt. Die Ursprünge dürften vermutlich im ausgehenden 11. Jahrhundert liegen.

Ansichtskarte 30er Jahre

Es wird eine kleine, unscheinbare Kirche gewesen sein. Die Turmhöhe mag damals nur etwas mehr als 30 Meter betragen haben.

Bau der Kirche durch Kaufleute und Bürgerschaft

Die Bürger und die Kaufmannschaft mit weitreichenden Handelsbeziehungen waren 200 Jahre später zu Wohlstand und Ansehen gekommen. Ihre Frömmigkeit und Kunstliebe wollten sie mit Errichtung einer besonders

Aufnahme um 1870

prächtigen Kirche zum Ausdruck bringen. Um 1375 begann man mit dem Bau eines neuen Haupt- und Nebenchores in ihrer jetzigen Gestalt.

Der alte Kirchenbau wurde abgerissen, aber der alte Kirchturm blieb unangetastet. Im Laufe der folgenden Jahre gab es zwei Turmerhöhungen, wobei jeweils ein weiteres Geschoss auf den Turm gesetzt wurde.

Pest und Feuer

Zwei Katastrophen behinderten die Bauarbeiten: 1382 forderte die Pest unzählige Opfer. Der damalige Totengräber von St. Lamberti soll durch das massenhafte Sterben zu großem Reichtum gelangt sein, so dass er sich eines der beiden vorerwähnten Geschosse auf den Turm bauen lassen konnte.

Nur ein Jahr später, die Pestepidemie war gerade überwunden, wütete eine riesige Feuersbrunst, die große Teile der Stadt zerstörte. Die ‚Große Prozession' erinnert noch heute an beide Ereignisse.

Um 1870 Ausschnitt – Deutliche Neigung des Turms, die Käfige sind nur schemenhaft auszumachen, gut erkennbar die beiden aufgesetzten Geschosse

Die Täufer

1534 zerstörten die Täufer die Altäre, fast alle Heiligenfiguren und Gemälde und vertrieben außerdem die Geistlichen. Im Januar 1536 wurden die drei Anführer der Täufer zum Tode verurteilt. Die Leichen der aufs Grausamste auf dem Prinzipalmarkt Hingerichteten wurden in eisernen Käfigen, die ein Schmied aus Dortmund gefertigt hatte, zur Schau gestellt.

Die Käfige hängte man an der Südseite des Lambertikirchturms auf. Jan van Leyden in der Mitte, etwas höher als die beiden anderen, Bernd Knipper-

St. Lamberti

dolling und Bernd Krechting. Die Leichen wurden nie geborgen. Zur Erinnerung an das grausige Geschehen brennen in den Abendstunden drei Lichter in den Käfigen. Eine Installation von Lothar Baumgarten: ‚Drei Irrlichter, als Erscheinung von drei Seelen oder inneren Feuern, die keine Ruhe finden können.'

Die Eisenkörbe haben die Jahrhunderte mit ihrer wechselvollen Geschichte gut überstanden: Sie wurden erstmals im vorigen Jahrhundert restauriert, aber dies dann gleich zweimal - 1927 und 1945.

Nach der ersten Restauration wurde die zweite Reparatur bereits nach 18 Jahren erforderlich. Der fatale Bombentreffer von 1944 hatte die Käfige arg beschädigt. Zwei Körbe stürzten in die Tiefe, der dritte blieb beschädigt hängen. Leider konnte der alte Zustand der Käfige nicht mehr ganz wieder hergestellt werden, zu stark waren die Schäden.

Nach wie vor hängen die Käfige am Turm, der allerdings nicht mehr der alte ist.

Die Käfige des Professors Landois

1888 erwarb Professor Hermann Landois drei Nachbildungen der Käfige und hängte sie an einer Mauer neben seinem Wohnhaus, der Tuckesburg, auf. Landois steckte in die Käfige Puppen und ließ daneben am Mauerwerk große Zangen anbringen, typisch für seinen skurrilen Humor. Mit derartigen glühenden Zangen hatte man die Täufer zu Tode gefoltert. Es dürften aber ebenfalls nur Nachbildungen der Folterwerkzeuge gewesen sein.

Die Stadt Münster hatte die Nachbildungen der Käfige fertigen lassen, um sie gegen die Originale auf dem Kirchturm zu tauschen. Da die Stadt hierfür keine aufsichtsbehördliche Genehmigung erhielt, konnte Professor Landois sie für seine Kuriositätensammlung erwerben. Die Originale der Käfige hängen nach wie vor am Kirchturm - entgegen aller anderslautenden Gerüchte.

Die Rats- und Brandglocke

Der damalige Turm wurde auch als Wächter vor Kriegs- und Feuergefahren genutzt. Die alte Rats- und Brandglocke aus dem Jahre 1594 hat die Inschrift: ‚Ich werde die Schreckliche genannt, weil ich die Bürger zur Stunde der Gefahr zusammenrufe. Im Jahre des Herrn 1594'. Weiterhin trägt diese Glocke das Stadtwappen von Münster mit der Überschrift: ‚Des Rades wappen tho Münster'.

Die eher etwas außergewöhnliche Form der Alarmglocke erzeugte einen ungewöhnlichen Klang und diente nur städtischen Zwecken. Ein Zusammenspiel mit den anderen Glocken gab es nicht. Sie harmonierte nicht mit dem Geläut.

Die Glocke wird heute noch zur Wahl des Oberbürgermeisters 'gebaiert': Am Ende des Klöppels befindet sich eine große Öse. Durch diese wird ein Seil gezogen. An jedem Ende dieses Seiles muss eine Person stehen. Durch abwechselndes Ziehen und Loslassen des Seiles wird der Klöppel gegen den Rand der Glocke geschlagen.

St. Lamberti

Gefährdungen des alten Turms

Bereits im ausgehenden 16. Jahrhundert begann sich der Turm zu neigen. Das Fundament war für dieses Bauwerk nicht ausreichend befestigt. Diese Schieflage wurde mit Interesse und großer Sorge beobachtet. Früh begann man mehrmals mit kostenaufwendigen Verankerungen, die aber das Problem nie gänzlich beseitigen konnten.

Eine weitere Gefahr ging 1661 von der Beschießung durch den Fürstbischof Christoph Bernhard von Galen aus. Die Stadt wollte sich seiner Oberhoheit entziehen und wurde daher belagert. Letztlich ergab sich die Stadt nach der Überschwemmung, die durch die aufgestaute Aa im Gebiet des heutigen Aasees ausgelöst wurde.

Die größte Gefahr bestand aber 1812 in der Napoleonischen Zeit. Der französische Befehlshaber in Münster trug sich mit dem Gedanken, Kirche und Turm abbrechen zu lassen. An der frei gewordenen Stelle sollte der Napoleonplatz entstehen. Die Jakobikirche auf dem Domplatz war bereits der Spitzhacke zum Opfer gefallen. Glücklicherweise kam der Plan nicht zur Ausführung, weil die Franzosenherrschaft kurze Zeit später endete.

Der schiefe Turm von Münster und sein Abbruch

Es ist die Zeit des Kulturkampfes zwischen der Katholischen Kirche und dem preußischen Staat. Reichskanzler Bismarck wollte den Einfluss der Kirche einschränken. Der münstersche Bischof befand sich 1875 nach seiner Inhaftierung in Warendorf im Exil in den Niederlanden und kehrte erst 1884 triumphal nach Münster zurück. In dieser emotional angespannten, turbulenten Zeit kam es zur Entscheidung, einen neuen Turm zu bauen.

St. Lamberti

Der Zustand des Turmes wurde nach den wechselvollen Ereignissen immer bedenklicher. Die Neigung des Turms betrug nach einer Auslotung mehr als 4 Fuß, also etwa 120 Zentimeter. Die Bürgerschaft war gegen einen Turmabbruch, heftig vertrat sie ihren Widerstand.

Ausschlaggebend für den Abriss war letztlich ein heftiger Sturm, der am 15. Oktober 1881 große Verwüstungen in Europa anrichtete. Selbst für den Wächter auf dem Lamberti-Turm, Joseph Buschkötter, im Zweitberuf Schenkwirt, war es zu gefährlich, so dass er den Turm fluchtartig verließ. So begann bereits zwei Tage später der Abbruch.

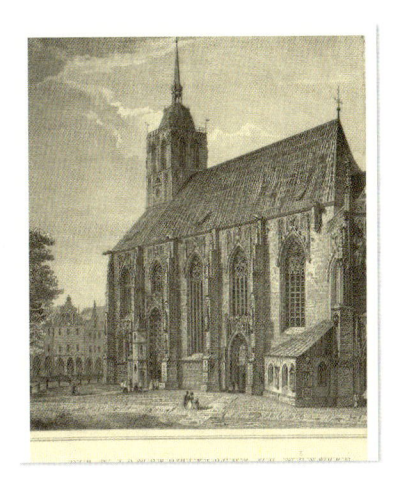

Der neue Turm

Der alte Turm während des Abrisses. Der obere Teil ist bereits entfernt.

Über den Bau des Turms wurde heftig und kontrovers diskutiert. Für die Restaurierung veranschlagte man damals 289.000 Mark, etwa 2.000.000 Euro. Die Geldmittel für den ersten Teil des Turmbaus brachte die Kirchengemeinde aus freiwilligen Spenden auf. Großzügige Mäzene unterstützten das Vorhaben. Eine Turmbaulotterie lieferte die Geldmittel für den Weiterbau.

Es gab etliche Entwürfe. So sollte zum Beispiel der neue Turm ähnlich wie der bisherige aussehen. Dies hatte das Berliner Denkmalamt zur Auflage gemacht. Letztlich setzte sich der damalige Pfarrer Hermann Joseph Kappen mit seinen Vorstellungen durch: ein neugotischer Turm, eine kleinere Kopie des Freiburger Münsters, knapp 100 Meter hoch. Die Auflage des Denkmalamtes wurde ignoriert.

Nach dem Entwurf des Architekten Hilger Hertel und unter dessen Leitung wurde in den Jahren 1887 bis 1890 bis zur Höhe des Kirchdachgesims ge-

St. Lamberti

baut. Nach einer fünfjährigen Pause vollendete sein Sohn Bernhard Hertel im Jahre 1898 den Turmbau. Am 16. August 1898 erhielt die Kreuzblume auf der Spitze des Turmes ihren Schlussstein.

Bombentreffer

Im 2. Weltkrieg zerstörte am 20. März 1945 - also in den letzten Kriegstagen - eine Bombe einen tragenden Pfeiler des Turmoktogons. Auch der Kirchenraum und das Dach wurden erheblich beschädigt. Die Standfestigkeit des Turms blieb glücklicherweise erhalten.

Sommer 1945

Ende 40er Jahre

Ein neuer Pfeiler konnte in den ersten Nachkriegsjahren wieder eingebaut werden.

Erst 1954 war der Kirchturm wiederhergestellt. Über viele Jahre danach konnte die Reparaturstelle ausgemacht werden, weil sie sich durch eine helle Verfärbung von der dunklen Bausubstanz abhob.

50er Jahre

Der alte Zoo
und was aus ihm wurde

Der alte Zoo

Es sind einige Jahrzehnte vergangen, seit auf dem alten Zoogelände ein Bankgebäude errichtet wurde, obwohl die Bürgerschaft davon nicht begeistert war. Im Nachhinein haben sich die damaligen Bedenken in Wohlgefallen – im wahrsten Sinne des Wortes – aufgelöst.

Ein weiträumiger Allwetterzoo mit tiergerechten Einrichtungen wurde zum Besuchermagnet. Auf dem alten Zoogelände entstand ein architektonisches Meisterwerk für die damals in Münster beheimatete Westdeutsche Landesbank.

Der alte Zoo und was aus ihm wurde

Die Lage vor der alten Stadt

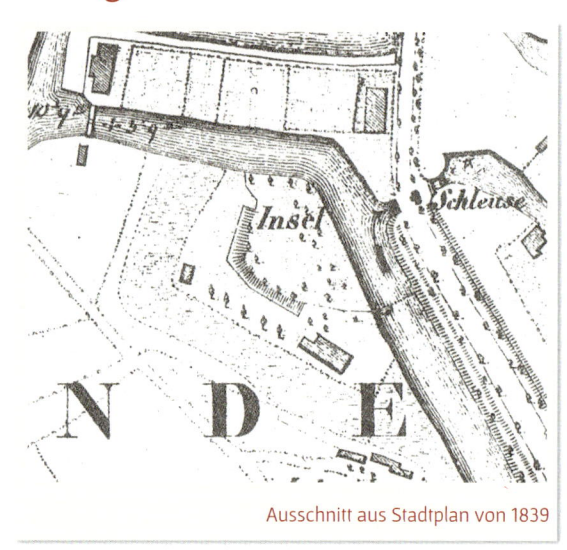

Ausschnitt aus Stadtplan von 1839

Die im Westen vor der Stadtbefestigung liegenden Aawiesen wurden seit 1657 'regnum celeste' - Himmelreich - genannt. Daraus wurde die Himmelreichstraße und 1903 die Himmelreichallee.

Dort, wo die Aa in die Stadt eintritt, gab es eine kleine Insel, auf der sich im 19. Jahrhundert ein Sommertheater befand - ein romantisches, idyllische Gelände. Es gab keine Brücke; nur mit einem Kahn konnte die Insel erreicht werden.

Die Anfänge des Zoos

Genau diese Stelle hatte sich der legendäre Professor Hermann Landois für 'seinen' Zoo ausgesucht. Landois war Priester, Zoologe und vor allen Dingen ein besonders kreativer Mensch - und auch ein etwas skurriler und schnurriger Kauz.

Der alte Zoo

Sein Ziel war es, die Forschungsergebnisse und das Wissen über die heimische Tierwelt der Bevölkerung nahezubringen. 1871 war es dann soweit: der ‚Westfälische Verein für Vogelschutz, Geflügel- und Singvogelzucht' wurde unter Vorsitz von Landois gegründet.

Bereits 1873 wurde beschlossen, einen zoologischen Garten zu errichten. Die von Landois vorgesehene kleine Insel an der Aa konnte im Februar 1874 erworben werden. Etwas später kaufte der Verein auch die angrenzende Wiese hinzu, die für den Ausbau der Anlage notwendig war.

Stempel des Vereins auf einer Postkarte

Die Gründung des ‚Westfälischen Zoologischen Gartens' war vollzogen. Die Eröffnung mit den Spitzen der Verwaltung und Geistlichkeit fand 1875 in dem neu errichteten Restaurationsgebäude statt. Die Feierlichkeiten waren mit einer Ausstellung von Geflügel verbunden - alles begann in einem sehr kleinen und überschaubaren Rahmen.

Kreative Geldbeschaffung

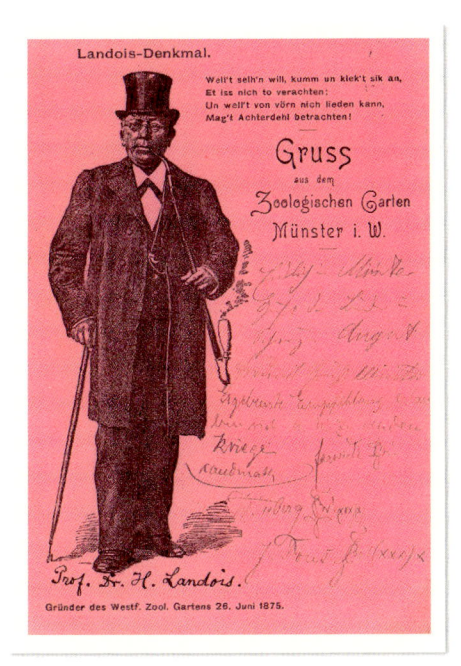

In Sachen Finanzen zeigte der Verein sich kreativ: Das Vorhaben wurde über die Gründung einer Aktiengesellschaft finanziert. Die Aktie kostete 10 Taler. Eine Dividende gab es nicht, dafür erhielt der Inhaber freien Eintritt in den Zoo. Dagegen fielen aber Einnahmen weg, die dringend für den laufenden Unterhalt benötigt wurden.

Aber auch diese leidigen Geldsorgen konnten durch das große Engagement ehrenamtlicher und unbezahlter Arbeit klein gehalten werden. Und an innovativen Ideen mangelte es dem Professor nicht. Ansichtskarten mit

Der alte Zoo

seinem Konterfei - mit und ohne Tuckesburg - wurden in verschiedenen Ausführungen zum Kauf angeboten.

Dann gab es die so genannten ‚Völkerschauen', in denen Menschen aus Afrika, dem pazifischen Raum und anderen Regionen der Erde gezeigt wurden. Diese ‚Vorführungen' hatten regen Zulauf und brachten Geld für das Zooprojekt. Über diese äußerst zweifelhaften und unrühmlichen Veranstaltungen machte man sich damals wenig Gedanken. Auch Landois distanzierte sich nicht eindeutig von dieser Art der Geldeinnahme.

Eintrittskarte um 1910

Als besonderer Baustein der Geldbeschaffung diente - neben verschiedenen Stiftungen - die gegründete ‚Abendgesellschaft des zoologischen Gartens'. Aus allen Gesellschaftsschichten kamen die Akteure, die auf der Bühne plattdeutsche Stücke aufführten - natürlich ohne Honorar. Die Einnahmen gingen an den Zoo. Die Aufführungen fanden in dem an das Restaurationsgebäude extra angebauten Saal statt. Mit selbstverfassten Stücken kam reichlich Geld in die Zookasse. So konnte das Stück ‚Wolfsschlucht' das Wolfsgehege finanzieren. Der Wildschweinpark erhielt die Mittel aus der Aufführung ‚Jan van Leyden'.

Der zoologische Garten

Der legendäre Elefant August

Ende des 19. Jahrhunderts gab es mittlerweile viele Tierstationen, wie zum Beispiel den Bärenkäfig, das Löwenhaus, das Aquarium, das Elefantenhaus. Auch in den weiteren Jahren wurde der Tiergarten ständig weiter ausgebaut.

Der Zoo war ein sehr beliebtes Ausflugsziel für Besucher aus nah und fern geworden.

1891 gab es eine weitere bedeutsame Neuerung. Das Naturkundemuseum am Rande des

Der alte Zoo

Zoos an der Himmelreichallee wurde eröffnet. Die Idee, den Zoo mit dieser wissenschaftlichen Stätte zu erweitern, war für Landois die Krönung seiner Bemühungen. Heute ist in den Räumlichkeiten die Westfälische Schule für Musik untergebracht.

Im gleichen Jahr entstand direkt am Zoogelände ein Wohngebäude mit Privatmuseum, das einer Ritterburg nachempfunden war: die Tuckesburg. Landois wohnte in diesem Haus mit seinem Affen ‚Lehmann' bis zu seinem Tode.

Zum 25jährigen Bestehen des Gartens ließ er an der Tuckesburg ein Denkmal, erbaut von Au-

Der Eulenturm

Das Elefantenhaus von 1899 – einer Moschee nachempfunden

Der alte Zoo

gust Schmiemann, der auch das Kiepenkerl-Denkmal schuf, aufstellen, und zwar von sich - mit Zylinder, Pfeife und Gehstock. Gar nicht öffentlichkeitsscheu posierte er vor seinem Denkmal und wurde so als Motiv für Ansichtskarten fotografiert. Heute würde man sagen, dass er Sinn für Öffentlichkeitsarbeit hatte.

Die beiden Kanonen auf der Karte stammen vom Preussischen Kriegsministerium, die aufgrund einer Landois-Eingabe bereitgestellt wurden.

Der Schöpfer des Westfälischen Zoologischen Gartens zu Münster in Westfalen, Professor Dr. **H. Landois** († 29. Januar 1905), am Fusse seines Denkmals.

Über die Tuckesburg

Landois kaufte das Grundstück für 6.000 Mark. Es liegt etwas erhöht, wenn man aus Richtung des alten Lindenhofes kommt. Bis zum Jahre 1200 soll dort eine Burg gestanden haben, die Tuckesburg. Auch ein Richtplatz sei später an dieser Stelle gewesen, so wird Landois zitiert. Der Name ‚Tuckes' bedeutet wahrscheinlich ‚Wallfahrer'. Heute wird das Gebäude als Wohnhaus genutzt. An der Mauer sind noch die Befestigungen für die nachgemachten Täuferkäfige zu sehen.

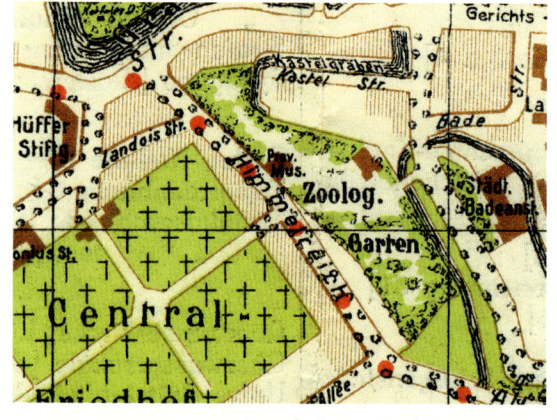

Ausschnitt aus Stadtplan von 1925

Der alte Zoo

Die Aa-Brücke zum Zooeingang – noch eine Holzkonstruktion

1905 starb Landois, er war 70 Jahre alt geworden. Auf dem Zentralfriedhof, genau zwischen dem alten Zoo und dem Aasee, der ebenfalls nach seiner Idee realisiert wurde, befindet sich sein Grab.

Sein Lebenswerk hatte Bestand und wurde erfolgreich fortgeführt. Der Zoo war ein Schmuckstück geworden mit einem Bestand von mehr als 750 Tieren in den 30er Jahren.

Das Grab auf dem Zentralfriedhof – damals und heute. Das Kreuz des Grabsteins ist im Bombenkrieg zerstört worden.

Bärenzwinger

Kamelhaus

Der alte Zoo

Zerstörung und Wiederaufbau

Bei den Bombenangriffen in den letzten Kriegsjahren wurden fast alle Tiere getötet. Zwei überlebende Elefanten mussten 1945 als Reparationsgut an den Antwerpener Zoo abgegeben werden. Der Großteil der Zoogebäude war vernichtet. Es begann ein mühsamer Wiederaufbau.

Relief im neuen Zoo

Zum 75jährigen Bestehen im Jahre 1950 zeigte der Zoo wieder ein eindrucksvolles Bild. Aber das 100jährige Jubiläum wurde bereits an anderer Stelle gefeiert: im neuen Allwetterzoo. Der Maler und Bildhauer Rudolf Breilmann (s. Seite 39 ff.) schuf aus diesem Anlass das nebenstehende Relief.

Zoogrundstück für die WestLB

An die Zoobesuche in den 50er Jahren erinnere ich mich gern. Unser Lehrer Franz Homoet, Maler und Kunsterzieher, führte uns zum Zeichnen in den Tierpark. Der Zoo hatte eine besondere Atmosphäre. Wehmütig stimmte es daher, als Ende der 60er Jahre bekannt wurde, dass der Zoo an anderer Stelle neu errichtet werden sollte.

Der Umzug der Tiere etwa Ende 1973 – Der Bankneubau ist vor der Fertigstellung – Foto LBS

Der alte Zoo

Durch eine Fusion war die neue Westdeutsche Landesbank entstanden. Der Sitz der Bank war in Münster und in Düsseldorf. Der damalige Vorstandschef Ludwig Poullain suchte für den Neubau seiner Bank einen Bauplatz in Münster, notfalls auch in Dortmund. Die Verantwortlichen der Stadt Münster wollten die Bank keinesfalls verlieren, war sie doch ein großer Arbeitgeber und Steuerzahler der Stadt. Es wurde auch befürchtet, dass Münsters Stellenwert zu anderen Regionen abnehmen würde. Und so erhielt die WestLB das attraktive Zoogrundstück.

Die Umsiedlung des Zoos

Im Austausch erhielt der Zoo ein neues, großzügig geschnittenes Gelände im Bereich des südlichen Aasees. Der neue Allwetterzoo - so nennt er sich seitdem - erwies sich als sehr attraktiv für die Besucher.

Für die Haltung der Tiere konnten beim Neubau moderne und neue tiergärtnerische Erkenntnisse zugrunde gelegt werden, die im alten Zoo nicht möglich waren.

Landois-Statue im Allwetterzoo

Der Neubau für die LBS

In den Jahren 1969 bis 1975 wurde das Bankgebäude nach den Plänen des Architekten Professor Harald Deilmann in mehreren Bauabschnitten fertiggestellt. Durch die einzigartige Architektur einer terrassenförmigen Bauweise schmiegt sich das Gebäude harmonisch in die Parklandschaft ein. Von Anfang an waren in dem Neubau hauptsächlich die Mitarbeiter der LBS - damals eine Abteilung der WestLB - untergebracht.

2002 wurde die LBS eigenständig. Als selbstständiges Institut ist sie nunmehr auch Eigentümerin des Gebäudes und der Anlagen.

Der alte Zoo

Einzigartig sind auch die Plastiken verschiedener prominenter Künstler, die verteilt auf dem Grundstück aufgestellt sind.

Für Ludwig Poullain gab es viel Überzeugungsarbeit, Henry Moore zu bewegen, eine Plastik für das Bankgelände zu schaffen. Erst nachdem sich Henry Moore in Begleitung von Ludwig Poullain das Gelände angesehen hatte, gab er die gewünschte Zusage.

Friedrich Gräsel – ‚Abluftplastik'

Henry Moore – Large Vertebrae (Wirbel)

Was vom alten Zoo übrig blieb...

In diesen Tagen habe ich das alte Zoogelände aufgesucht. Bis auf das Eulenhaus und die Tuckesburg ist nichts vom alten Zoo übriggeblieben. Das an der Himmelreichallee direkt am Aasee stehende Tropenhaus wurde in seinen letzten Jahren als Büro genutzt, bevor es abgerissen wurde. Die Adlervoliere - ein Nachbau aus den 50er Jahren - war baufällig und musste ebenfalls vor wenigen Jahren abgerissen werden.

Wasserbär zwischen Tuckesburg und LBS

Früher gehörten die Wasserbären zur spätmittelalterlichen Befestigungsanlage. Hiermit wurden die Wasserstände der Wassergräben reguliert.

Tuckesburg

Das Kreuzviertel
Ein Stadtteil mit Charme

Das Kreuzviertel

Ein Stadtteil mit Charme

Um 1930

Kreuztor, Kreuzschanze, Buddenturm, Kreuzkirche, Nordstern, Geisberg, Uppenberg. Diese Namen sind mit einem Stadtteil verbunden, der direkt am nördlichen Promenadenring und somit in nächster Nähe zu Münsters Stadtkern liegt - dem Kreuzviertel.

Dieser Stadtteil hat seinen besonderen Charme über die Jahrzehnte erhalten. Dies liegt auch daran, dass er im 2. Weltkrieg von einer starken Bombardierung verschont geblieben ist. Eine in der Nachkriegszeit oft aus der Not geborene einfache und einfallslose Architektur hat es hier kaum gegeben.

Ein besonderes und weitgehend unbekanntes Kleinod ist der Martin-Niemöller-Park. Bekannt dagegen ist die Parkanlage der Kreuzschanze mit den Stelen der Dichterin Annette von Droste Hülshoff, des Musikdirektors Julius Otto Grimm und des Zoologen Bernhard Altum. An der Kreuzschanze machte der junge Max Geisberg vor mehr als 100 Jahren seine Ausgrabungen.

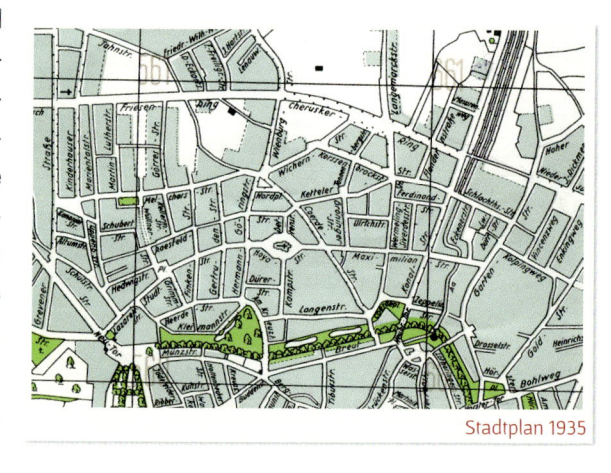

Stadtplan 1935

Das Kreuzviertel

Geschichte des Namens

Das Kreuz ist der Namensgeber des Viertels. Um zu erfahren, warum das so ist, müssen wir fast 900 Jahre zurückgehen:
Eine der Festungsanlagen war das Kreuztor in Münsters Norden. Es wurde nach einem alten Brauch so benannt. Seit etwa 1150 trug die Metzgerzunft ein großes Kreuz, das sich im Dom befand, feierlich zum Nord-/Kreuztor und von dort weiter in Richtung Kinderhaus. Nach einer Predigt ging es zurück zum Kreuztor. Nach der Waschung des Kreuzes mit Wein wurde es im Dom wieder aufgestellt. Wenn die Kette beim Aufrichten besonders knarrte, glaubte man an ein gutes Zeichen für eine reiche Ernte. Zu Zeiten der Täufer wurde dieser Brauch beendet.

Hermann von Kerssenbroick erwähnt diesen Brauch in seiner ‚Geschichte der Wiedertäufer zu Münster'. Überliefert ist von anderer Seite, dass die Täufer das Kreuz mit Jauche übergossen hätten. Dies dürfte eher in den Bereich der Legenden gehören, denn eine gesicherte Quelle hierfür gibt es nicht.

Vor etwa 200 Jahren

Die Karte von 1839 zeigt ein landwirtschaftlich genutztes Gebiet vor den Toren der Stadt, die Bauerschaft Uppenberg. Kein größeres Haus ist weit und breit zu sehen. Die Parzellen waren recht klein, sie wurden von den Münsteranern als Gärten genutzt. Die eingezeichneten kleinen Gebäude waren Kötterhäuschen, Gartenhäuser oder Schuppen. Kleine, unbefestigte Wege durchziehen das Parzellengeflecht. Die größeren Wege lassen die künftigen Straßen erahnen: zum Beispiel die Coerdestraße, die Nord- und die Heerdestraße.

Kartenausschnitt 1839

Das Kreuzviertel

Nordstraße 31

Das Haus der damaligen Gemüsehandlung Blanke. Das Gemüse ernteten Blankes direkt in ihrem am Hause gelegenen Garten. Dieses kleine Gebäude war typisch für die damalige Bebauung im Vorfeld der Stadt. Einfachste Bauausführung, statt Holzdielen gab es einen gestampften Lehmfußboden.

Die Anfänge

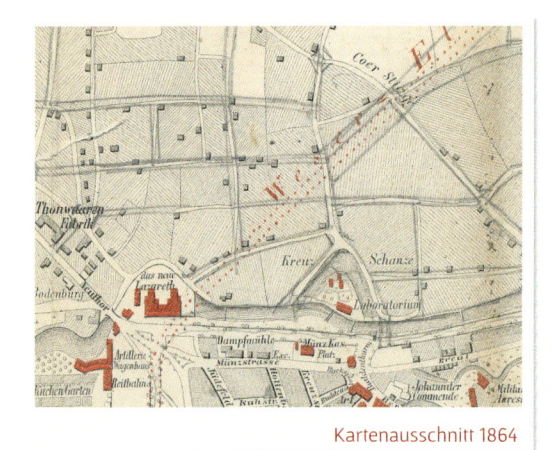

Kartenausschnitt 1864

Aber bereits nach 1864 sind deutliche Zeichen der künftigen Stadterweiterung im Norden Münsters zu erkennen. Ein Zeitgenosse skizzierte mit Bleistift die neuen Straßenzüge in diesen Stadtplan. Wer dies war und wann es geschah, lässt sich heute nicht mehr klären. Aber Insiderkenntnisse dürfte er gewiss gehabt haben. Zu sehen ist auch der projektierte ‚Rhein-Weser-Elbe-Canal', der nicht realisiert worden ist. Er wäre quer durchs Kreuzviertel gegangen.

Das Kreuzviertel

Bauboom

Ende des 19. Jahrhunderts begann eine rasante Neubautätigkeit. Allein der Bauunternehmer Hermann Borchard errichtete mehr als 50 Häuser, die durchweg gehobenen Ansprüchen genügten. 10 Zimmer und mehr als 200 qm Wohnfläche waren an der Tagesordnung. Es war das ‚Neubaugebiet' der höheren Einkommensschicht. Hier ist besonders die Gertrudenstraße zu erwähnen, die auch ‚Professorenstraße' genannt wurde.

Gertrudenstraße 37

Das Wegekreuz am Nordplatz

Die Ansichtskarte von etwa 1900 zeigt den Nordplatz in Richtung Wienburgstraße. Das Wegekreuz steht im Vordergrund, es gibt bereits eine Gaslaterne, ein Pferdefuhrwerk ist abseits zu sehen. Die Straßen sind unbefestigt und weisen tiefe Spurrillen auf. Bei Regen dürfte es kein Vergnügen gewesen sein, durch den Matsch zu gehen. Die dahinter liegenden Häuser sind schlicht und einfach gehalten.

Anhand der Postkarte ist dieser Ort heute nicht wiedererkennbar. Ein kleiner Park ist jetzt dort angelegt. Das alte Wegekreuz wurde in der Nazizeit zerstört und nach dem Krieg durch ein neues Kreuz ersetzt.

Das Kreuzviertel

Die Kreuzkirche

Die Kreuzkirche noch ohne Turm

1899 wurde der Grundstein der Kreuzkirche gelegt. Der Neubau (Architekt Hilger Hertel der Jüngere) war 1902 soweit fertig gestellt, dass Bischof Hermann Dingelstad die Altarweihe vornehmen konnte. Erst 1907 begann der Bau des 87 Meter hohen Kirchturms, der 1908 mit Aufsetzen des Turmhahns abgeschlossen werden konnte. Die Kosten hierfür brachten hauptsächlich die ‚Jünglingssodalität' und die ‚Jungfrauenkongregation' durch Aufführung von Konzerten und Theaterstücken auf. Überhaupt war das Engagement der jungen Gemeinde sehr groß. So stiftete zum Beispiel die Familie Hüffer die Orgel und den Johannesaltar.

Aufnahme vom Buddenturm Richtung Kreuzkirche mit Villa Zucker im Vordergrund

Fotomontage: Aufnahme links mit Turm der Kreuzkirche

Das Kreuzviertel

Später war die Kreuzkirche auch einige Jahre Garnisonskirche. Sie erlitt im 2. Weltkrieg erhebliche Bombenschäden, die nach Kriegsende relativ rasch behoben werden konnten. Als Bischof Clemens August von Galen kurz nach seiner Erhebung zum Kardinal verstarb, wurde seine Leiche in die Kreuzkirche überführt. Nach dem feierlichen Pontifikalrequiem am 28. März 1946 führte ein großer Trauerzug zum zerstörten Hohen Dom. Dort fand die Beisetzung statt.

Dreifaltigkeitskirche

Eine interessante Aufnahme der Dreifaltigkeitskirche mit der Kinderhauser Straße im Vordergrund. Die kleinen Häuser darüber mussten dem Friesenring weichen.

Der Nordstern

Lokal „Die Kreuzschanze"

Das Kreuzviertel

Aus der Zeit 1933–1945

Die Nordstraße wurde von den Nationalsozialisten in Hermann-Göring-Straße umbenannt. 1945 erhielt sie ihre alte Bezeichnung zurück. Die ‚Zuckerbäckervilla' am Kreuztor beherbergte eine Dienststelle der Gaubehörde. Den Bunker an der Studtstraße verwendete die Gestapo zum Kriegsende als Gefängnis.

Coerdestraße um 1910

Dettenstraße um 1910

Vor 50 Jahren...
Ein Streifzug

Vor 50 Jahren...

Ein Streifzug

Ein Blick in die jüngere Vergangenheit Münsters der 1960er – 1970er Jahre. Alles wirkt ruhiger, vieles ist noch im Aufbau. Die Bilder sprechen für sich.

Ein Blick von der Hafenstraße in Richtung Ludgeriplatz

Rechts liegt die Shell-Tankstelle, Ecke Steubenstraße. Das alte Kopfsteinpflaster, nur teilweise mit einer Teerdecke bedeckt, ist noch zu sehen. Ein Geflecht von Oberleitungen für die O-Busse überspannt die Straße. Typisch für jene Zeit sind die vielen Baustellen; auf diesem Bild der Bau eines Hochhauses.

Vor 50 Jahren...

Speise- und Getränkekarte der Cavete um 1960

Eine Novität

So etwas wie die Cavete hat es in Münster noch nicht gegeben. Wir schreiben das Jahr 1959, die Akademische Bieranstalt Cavete etabliert sich in der Kreuzstraße und bringt ‚frischen Wind' in die Kneipenszene.

Die Gründung und Herrichtung der Gaststätte ging ganz ungewöhnlich vonstatten. Sogar der Rektor der Universität stand hinter der Sache. Zwei Studenten - völlig unerfahren in der Gastronomie - organisierten das ganze Drum und Dran und führten auch die Verhandlungen mit der Germania Brauerei.

Man beachte die Preise: 1 Bier für 35 Pfennig plus 10% für ‚Fracht und Anfuhr'

Vor 50 Jahren...

Herausgekommen ist eine Gaststätte jenseits der üblichen Konventionen, die sonst die münsterschen Kneipen ausmachten.

Gaststätte Rietkötter in der Ludgeristraße 29, links Textilhaus Müller Wipperfürth, wo (Nr. 28) zuvor das Kino ‚Capitol' betrieben worden war.

Die ersten Ansätze einer Außengastronomie sind zu sehen. Oft wurden die Gebäude - wie auch auf diesem Bild - nicht in voller Höhe ausgebaut. Es mag an den augenblicklichen finanziellen Möglichkeiten gelegen haben. Die Aufstockungen erfolgten in der Regel zu einem späteren Zeitpunkt.

Wahlwerbung Ende 60 Jahre Adolph-Kolping-Berufskolleg von der Wasserstraße aus

Vor 50 Jahren...

Wilhelmstraße mit Neubau der Westsauna

Eine Baustelle, wie viele andere in der Stadt. Ein Lastenaufzug für die Beförderung der Baumaterialien ist nicht erkennbar. Die Putzer mussten den ‚Speisvogel' auf der Schulter in die höheren Etagen tragen.

Das Baufahrzeug ‚Karlchen' der Firma Levermann, Hafenstraße. Es handelt sich um einen Krupp-Mustang K70 aus den 50er Jahren. Die Ladefläche wird für einen Bitumenkocher genutzt.

Vor 50 Jahren...

Nonnen vor dem Dom

Am neuen Stadttheater. Auch heute ist das Straßenbild aus dieser Perspektive wenig verändert.

Vor 50 Jahren...

Weihnachtsmarkt 1972 an der Klemensstraße

Typisches Bild von Arbeiten in einem Neubaugebiet. Eine Ortsbestimmung war mir bisher nicht möglich.

Vor 50 Jahren...

Das neue Gebäude der Bezirksregierung am Domplatz Mitte der 60er Jahre

Seit 1803 hat die Regierung ihren Sitz am Domplatz. Das damals genutzte Gebäude war zuvor ein repräsentativer Adelshof mit langer geschichtlicher Vergangenheit. Nach dem Abriss im Jahre 1885 entstand 1890 ein neues Regierungsgebäude im damals üblichen Stil der niederländischen Renaissance – repräsentativ und opulent. Rechts daneben schloss sich das Evangelische Konsistorium der Provinz Westfalen an, das mit der Seitenfront am heutigen Geisbergweg lag. Dieses Gebäude war die frühere Kurie des Grafen von Elverfeld, erbaut von dem münsterischen Baumeister Wilhelm Ferdinand Lipper. Im Volksmund wurde das Gebäude kurz 'Konsistorium' genannt.

Das 1943 vollständig zerstörte Konsistorium wurde in Anlehnung an die alten Pläne nach dem Krieg wieder aufgebaut. Dagegen hatte das Regierungsgebäude die Kriegsjahre weitgehend unbeschädigt überstanden.

1965 erfolgte der Abriss des alten Regierungsgebäudes und des neu errichteten Konsistoriums.

Blick auf den Rohbau des neuen Stadthauses

Das Grundstück des Konsistoriums wurde für den Neubau des Regierungsgebäudes einbezogen.

Ein Teerkocher auf dem Dortmund-Ems-Kanal

Was wäre, wenn die Gebäude heute noch stehen würden?
Sicherlich würden wir dies nicht nur als nostalgische Bereicherung des Domplatzes begrüßen, sondern es auch als Zeugnis unserer Stadtgeschichte verstehen. Der damalige Abriss ist

Vor 50 Jahren...

heute bedauerlich. Man hatte sich zwar damals auch städtebauliche Gedanken gemacht, sich leider aber für eine eher pragmatische Lösung entschieden.

Die Rothenburg mit der Fassade der Stadtsparkasse

Der Prinzipalmarkt war von der Rothenburg, Ludgeristraße, Klemensstraße und vom Drubbel aus befahrbar. Chaotische Verkehrsverhältnisse haben insbesondere in der Vorweihnachtszeit geherrscht. Man beachte die Kleidung der Passanten. Die heutige legere Freizeitkleidung war damals noch unbekannt.

Blick vom Horsteberg über die Bogenstraße in die Kleine Bergstraße

Vor 50 Jahren...

Ludgeristraße mit den Kaufhäusern Hettlage (links) und C&A (rechts)

Die Ludgeristraße konnte bis 1969 noch mit Autos befahren werden. Dann wurde sie Münsters erste Fußgängerstraße. Noch sind die Bordsteine zu sehen, die dann abgesenkt wurden. Heute ist die Ludgeristraße eine der wichtigsten Einkaufsstraßen Münsters.

Zu guter Letzt

Es begann die Zeit der Urlaubsreisen. Dass auch der kleine Lloyd Alexander ausreichte, in die Ferien zu fahren, zeigt dieses Bild.

Auf Breilmanns Spuren
Der Bildhauer der Stadt

Auf Breilmanns Spuren

Auf Schritt und Tritt begegnen wir den Werken von Rudolf Breilmann, wie zum Beispiel der Heilige Nikolaus an der Bogenstraße hoch zum Horsteberg, der Heilige Nepomuk an der Aabrücke nahe des Aegidiimarktes oder der ausgestreckte Arm und die Friedenstaube am Rathaus.

Der Maler und Bildhauer Rudolf Breilmann aus Roxel hat das Erscheinungsbild Münsters mitgeprägt und bereichert. Allein die Vielzahl von Breilmanns Werken in Münster ist so groß, dass an dieser Stelle nur ein kleiner Teil vorgestellt werden kann.

Der Bildhauer der Stadt

Wenn man Rudolf Breilmann besuchen möchte, ist es leicht, ihn zu finden. Ein altes Kötterhaus am Rande von Roxel wurde in den 70er Jahren erworben, umgebaut und modernisiert.

Rudolf Breilmann

In einem Nebengebäude ist das Atelier eingerichtet. Funktional, doch mit einer besonderen Atmosphäre der Ruhe und der Kreativität. Der Arbeitsplatz des Künstlers: Gipsstaub, halbfertige Plastiken, ein großer Tisch mit Skizzen und Zeichnungen. Und mittendrin Rudolf, leise, konzentriert und mit einem gehörigen Schuss Humor empfängt er seine Gäste.

Auf Breilmanns Spuren

Rudolf Breilmann ist älter geworden, aber das künstlerische Schaffen hat ihn nicht losgelassen. Zur Seite steht ihm seine Frau Renate, die ihn bei der Verwaltung seines Lebenswerkes unterstützt.

Ein umfangreiches Werkverzeichnis ist entstanden. Mehr als 1700 Plastiken, Brunnen, Reliefs, Denkmäler, Bildstöcke, Stelen und Skulpturen sind darin verzeichnet. Die unzähligen Zeichnungen, Bilder und Grafiken sind nicht erfasst. Eines Großteil seines grafischen Werkes wurde dem Religio-Museum in Telgte vermacht.

Der Heilige Nikolaus

Wer kennt sie nicht, die kleine Bischofsstatue an der Bogenstraße, dort wo es zum Dom hinauf geht. Die drei Kugeln, die in den Händen des Bischofs liegen wie auch seine etwas spitze Nase, sind von ungezählten Händen der Vorbeigehenden blank poliert und glänzen golden.

Diese Stelle wurde mit Bedacht gewählt. Denn hier war in früheren Zeiten das Nikolaitor (auch Horstebergtor) - ein Durchlass durch die Immunitätsmauer -, benannt nach der damals 50 Meter weiter oberhalb liegenden Nikolaikapelle. Der Stadthistoriker Dr. Ludwig Humborg hatte in den 1960er Jahren diesen Platz und die Figur des Hl. Nikolaus zur Erinnerung an die historische Vergangenheit empfohlen.

Die 3 goldenen Kugeln symbolisieren die dem Heiligen Nikolaus zugeordneten Attribute: Die mystische Zahl 3 gilt in der Symbolik aller Völker als heilig. Bei den Juden ist es zum Beispiel der ‚dreimal heilige Gott' oder bei den Christen die ‚Dreifaltigkeit'.

Auf Breilmanns Spuren

Der Lebensweg

An der WGZ-Bank – 'Gespräch' 1983

1929 wurde Rudolf Breilmann in Münster, seinem lebenslangen Ankerplatz, geboren. Nach dem Abitur am Paulinum schloss sich eine zweijährige Steinmetzlehre an. Dann sollte er etwas 'Ordentliches' lernen, das wünschte sein Vater.

Das Architekturstudium war allerdings nur von kurzer Dauer. Die wahre Leidenschaft erfüllte sich durch die Studien an den Kunstakademien in Kassel, Hamburg und Nürnberg. Nun hatte er sein 'Handwerk' nach allen Regeln der Kunst erlernt. Bereits 1956 konnte das erste Atelier an der Grünen Gasse eingerichtet werden.

Die Hand und die Friedenstaube

An der Rückseite des Rathauses sind am Rathausturm die Reliefs einer Friedenstaube und eines Arms mit geöffneter Hand angebracht.

Sie sind die Symbole für den Westfälischen Frieden, der von hier und von Osnabrück ausgegangen ist. Die Hand entlässt die Taube, die den Frieden in die Welt bringen soll. Die Reliefs entstanden 1963.

Auf Breilmanns Spuren

Stadtgründung

Brand und Wiederaufbau

Am Stadthaus sind weitere Bronzereliefs zu finden. In einer Höhe von ca. 3 Metern wird die Geschichte der Stadt Münster mit symbolischen Elementen dargestellt. Die Reliefs prägen das äußere Erscheinungsbild des modernen Verwaltungsgebäudes am Platz des Westfälischen Friedens.

Die künstlerische Prägung

Wie sich später herausstellte, war die Steinmetzlehre, die eigentlich nur eine Vorstufe für den späteren Architekturberuf sein sollte, doch von fundamentaler Bedeutung für die bildhauerische Tätigkeit. Als weiteres wichtiges Element kam seine zeichnerische Fähigkeit für die bildnerischen Ausdrucksformen hinzu. Grundlage für eine Arbeit ist für Rudolf Breilmann immer die vorgeschaltete zeichnerische Studie.

Seine Werke strahlen in ihrer ästhetischen Zartheit und Strenge oft eine hintergründige Fröhlichkeit aus. Die christliche Grundeinstellung und Religiosität sind ausgeprägt, was in seinen sakralen Kunstwerken zum Ausdruck kommt. Breilmanns Handschrift ist bei allen seinen Arbeiten unverkennbar und unverwechselbar.

Kirchenportal Petrikirche 1985

Kirchenportal Martinikirche 1969

Auf Breilmanns Spuren

Der Heilige Neopmuk – Brücke am Bispinghof

Die Geschichte des Nepomuk ist hinreichend bekannt, so dass an dieser Stelle nicht weiter darauf eingegangen wird. Er gilt als Schutzpatron der Verschwiegenheit (Beichtgeheimnis) und der Brücken und Gewässer.

Die eindrucksvolle Statue, gestalterisch reduziert auf das Wesentliche, zeigt einen Priester, der seinen Zeigefinger vor den Mund hält. Das Zeichen des Schweigens, der Verschwiegenheit. Unterhalb der Statue ist ein arg verwittertes Kreuz mit kleeblattartigen Verzierungen an den Enden, welches auch 'Mordkreuz' genannt wurde, ins Mauerwerk eingelassen. Dieses Kreuz zeigte in früheren Zeiten die Grenze des Immunitätsgebietes des Domes an.

Der Heilige Nepomuk von 1933 und das Mordkreuz – im HIntergrund der Aegidiimarkt (Aufnahme um 1995)

Die Brücke mit der sich darauf befindlichen Statue des Nepomuk wurde im Krieg zerstört. Das Mordkreuz konnte jedoch geborgen werden und wurde beim Neubau der Brücke wieder eingemauert.

Wie bei einem Vergleich der Bilder oben und auf der nächsten Seite festzustellen ist, standen das Mordkreuz und die Statue des Nepomuk auf der Seite der Universitäts- und Landesbibliothek. Nunmehr sind Breilmanns Nepomuk und das Mordkreuz auf der gegenüberliegenden Brückenseite zu finden.

Auf Breilmanns Spuren

Das Kreuz erinnert an ein Verbrechen auf dieser Brücke, das Mitte des 17. Jahrhunderts begangen worden sein soll. Demnach hätte ein Student seinen Professor erstochen. Diese Version kursierte lange, sie ist jedoch unrichtig.

Ansichtskarte um 1910

Tatsächlich gab es im Jahre 1813 einen Streit zwischen drei französischen Offizieren und einem jungen Deutschen, der auf der Brücke von einem Degenstich tödlich verletzt wurde. Der Großvater des Opfers ließ zum Gedenken ein zweites kleines Kreuz im Sockel des Grenzsteines einmeißeln (siehe rote Markierung).

Das kleine Kreuz ist auf dem linken Foto - um 1980 oder älter - noch schemenhaft zu erkennen. Heute ist davon leider nichts mehr zu sehen. Der empfindliche Sandstein zerfällt zusehends. Es ist wünschenswert, dass dieses Kleinod aus Münsters Geschichte restauriert wird.

um 1980 oder älter

2015 – heutiger Zustand

45

Auf Breilmanns Spuren

Paradies am Dom

| Karl der Große | Hl. Georg | Hl. Michael | Hl. Ludgerus |

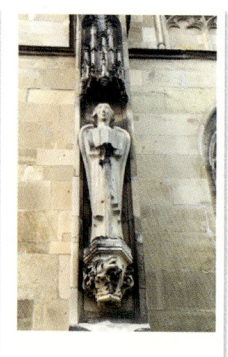

1964 entstanden vier Figuren aus Baumberger Sandstein (siehe oben). An prominenter Stelle sind sie am Eingang des Paradieses angebracht. Wie deutlich zu sehen ist, hat der weiche Stein unter den Witterungsverhältnissen der letzten 50 Jahre arg gelitten, so dass möglichst bald eine Restaurierung erfolgen sollte.

Hl. Paulus am Paulinum

Spökenkieker am Mühlenhof

Pinkus Müller
Tradition und Institution

Pinkus Müller

Unsere Stadt hat eine Institution, die weit über Münsters Grenzen bekannt ist: Pinkus Müller.

Für viele Münster-Gäste gehört der Besuch des Brauhauses zum Programm. Ein Besucher sagte einmal: ‚Wer je in Münster war, aber nicht bei Pinkus Müller, der war nie in Münster.'

Tradition und Institution

Bierbrauerei u. Malz-Fabrik mit Dampfbetrieb von C. Müller in Münster i/W.
Jnh. Joh. Müller
Kreuz-Str. N⁰ 9-10.

Wir schreiben das Jahr 1816, die unruhigen Zeiten sind vorbei, die Franzosen sind abgezogen, und Münster ist Provinzialhauptstadt Westfalens geworden. 15.000 Einwohner zählt die Stadt.

In diesem Jahr zieht der 24jährige Johannes Müller aus dem Eichsfeld nach Münster, heiratet Friederika Cramer aus Brilon und betreibt in der Kreuzstraße 10 eine Bäckerei mit einer Brauerei. Dies sind die Anfänge der Brauerei und Gaststätte Pinkus Müller.

Es mag sich erstaunlich anhören, dass Bäckereien und Brauereien gemeinsam betrieben wurden. Bäcker und Brauer - diese beiden Berufe gehörten früher

Pinkus Müller

aus naheliegenden Gründen zusammen: Die Grundstoffe für die Herstellung von Brot oder Bier sind weitgehend gleich.

Die Altbierküche

Im 19. Jahrhundert sind Bierkisten, die nach Hause transportiert werden, noch unbekannt. Wenn man zu Hause sein Bier trinken möchte, geht der Weg zum nächstgelegenen Brauhaus. Dort wird das mitgebrachte Gefäß - zum Beispiel ein Bullenkopp mit 6 Litern oder ein Bennätzkes mit 3 Litern Fassungsvermögen - mit frischgezapftem Altbier aus dem Keller über eine Handpumpe gefüllt. Und wenn dann der Appetit auf das Bier besonders groß ist, wird an Ort und Stelle ein tiefer Schluck oder gleich mehrere zu sich genommen. Dies geschieht in der Altbierküche. Weil der Genuss im Stehen aber nicht so gemütlich ist, stellt der Wirt Bänke und Stühle auf. Tische kommen hinzu. Da der Biergenuss aber bekanntermaßen auch hungrig macht, werden deftige Speisen angeboten.

Werbung um 1925

Es ist daher nicht verwunderlich, wenn ein Gast nach gemütlichem Aufenthalt in der Altbierküche oft mit leerem Krug - aber allerfröhlichst - nach Hause zurück gekehrt.

Pinkus Müller

Der kleine Carl Müller

Ein Knabe erblickt im Jahre 1899 das Licht der Welt: Carl Müller. Geboren im Hause an der Kreuzstraße 10, der Stammhalter in 4. Generation. Noch ahnt niemand, welche besonderen Gaben ihm in die Wiege gelegt worden sind.

Für Carl ist das Gymnasium nichts, es liegt ihm einfach nicht. Um ein tüchtiger und guter Mensch zu sein, bedarf es keiner guten Noten, so ist seine Meinung. Er hält mehr vom Praktischen und arbeitet bereits in jungen Jahren im elterlichen Betrieb.

Aus Carl wird Pinkus

Nun fragen Sie, wie aus dem Carl ein Pinkus geworden ist. Eine nette kleine Geschichte, bei der eine alte Gaslaterne, ein Bullenkopp und ein menschliches Bedürfnis eine besondere Rolle spielen:

Als Quartaner stibitzt Carl - verleitet von seinen beiden Freunden - zuhause einen Bullenkopp, der gemeinsam geleert wird. Pro Kopf sind es immerhin zwei Liter Altbier, die nach einer gewissen Zeit den menschlichen Körper wieder verlassen möchten. An der Promenade kommt ihnen die Idee, einen kleinen Wettbewerb auszutragen: Wer schafft es, sein Wasser an einer Gaslaterne am höchsten los zu werden? Carl trifft das Glas der Gaslaterne. Das heiße Glas zerspringt, eine Scherbe fällt auf die Flamme, und das Licht erlischt.

Diese Meisterleistung ist am nächsten Tag bei den Quartanern in aller Munde. Man gibt ihm den latinisierten Namen Pinkulus, aus dem später Pinkus wird.

Pinkus Müller

Der singende Bierbrauer

In der elterlichen Altbierbrauerei macht Pinkus eine Lehre zum Gesellen des Brauer- und Mälzerhandwerks. In dieser Zeit zeigt sich immer mehr seine besondere Begabung für den Gesang. Diese Gabe hat er von seinem Vater geerbt, denn dieser war neben seinem Wirts- und Brauerberuf begeisterter Sänger.

Pinkus geht nach München, um sich dort zum Braumeister ausbilden zu lassen. Ein Kammersänger wird auf sein sonnenklares Stimmpotential aufmerksam und erteilt ihm Gesangsunterricht. Als Gegenleistung hackt Pinkus für den Kammersänger Holz. Seine finanziellen Mittel sind zu knapp, um ihn mit Geld zu bezahlen.

Erfolgreich beendet Pinkus seine Ausbildung zum Braumeister, und erfolgreich verläuft seine Gesangskarriere - als ‚der singende Bierbrauer'.

Im Stadttheater Münster wirkt Pinkus Müller in Mozarts Zauberflöte mit. Nach dem Programmzettel hat er die Rolle des 1. Geharnischten. Bei den ersten Versuchssendungen des neuen Senders ‚Münster auf Welle 407' im Jahre 1924 macht er mit und ist später regelmäßig im Rundfunk zu hören. Hinzu kommen Gesangsauftritte, nicht nur in Münster, sondern auch in Berlin, München und den Niederlanden.

Besonders gern singt Pinkus - wie auf dem Bild zu sehen ist - vor seinen Gästen.

Pinkus Müller

1928 heiratet Pinkus Regina Holtkamp, Tochter des Gastwirtes Hermann Holtkamp aus Münster.

Der Gastgeber

Mitte der 30er Jahre ist Pinkus Müller Chef des Brauereibetriebes und der Altbierküche im Herzen des Kuhviertels. Unter seinen Gästen fühlt sich Pinkus wohl und er serviert persönlich sein gebrautes Altbier. Hin und wieder stimmt er ein fröhliches Lied an, dem seine Gäste begeistert lauschen.

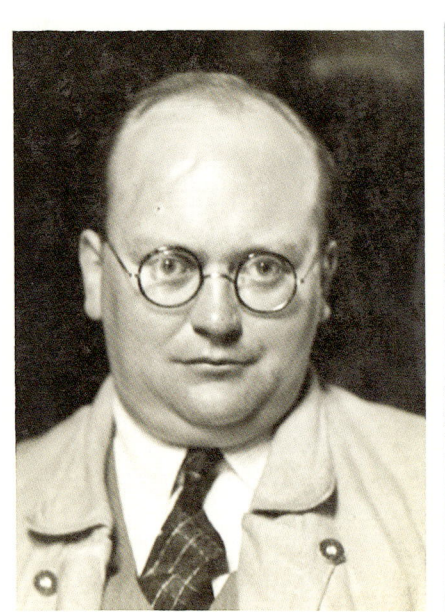

Die Müllersche Altbierküche gehört nunmehr zu den Mittelpunkten des gesellschaftlichen Lebens in Münster. Es gründet sich der Freundeskreis Pinkus Müller.

Man trifft sich hier in fröhlicher Runde, diskutiert über aktuelle Themen, Pläne werden geschmiedet, und Neuigkeiten nebst Gerüchten werden ausgetauscht. Es ist eine

'Brutstätte' für kulturelle und kommunalpolitische Ideen und Initiativen. Und mittendrin ist immer Pinkus, der die Menschen mit seiner humorigen Art für sich einnimmt.

Die Altbierküche in den 1930er Jahren

Der Karnevalsprinz

Eine andere Leidenschaft gilt dem Karneval. Wie sein Vater ist er Mitglied bei der Karnevalsgesellschaft ‚Freudenthal'. Gleich dreimal hintereinander ist Pinkus Münsters Karnevalsprinz. Er singt mit seinem strahlenden Tenor auf vielen Veranstaltungen. In der Halle Münsterland sind 6000 Karnevalisten seine begeisterten Zuhörer.

Pinkus Müller ist in den Jahren 1930, 1931 und 1932 Münsters Karnevalsprinz

Pinkus Müller

Nach 1945

Nach dem Krieg läuft der Gaststättenbetrieb trotz aller Schwierigkeiten - etwas eingeschränkt - weiter. Pinkus Müller setzt sich engagiert mit seinem Freundeskreis für den Wiederaufbau der Stadt ein. Mit Konzerten und Liederabenden erfreut Pinkus die Besucher. Der Erlös wird für den Wiederaufbau des Domes, des Rathauses und für den Neubau des Theaters verwendet.

Pinkus Müller stirbt achtzigjährig am 1. September 1979.

Pinkus Müller am Zapfhahn

Sein Lebenswerk zeugt auch heute noch von einem großartigen Menschen: einem tüchtigen Handwerker und Kaufmann, einem begnadeten Sänger, einem großzügigem Gastgeber.

‚(...) Mit Handschlag + Gruß aus sangesfrohem Herzen stets Ihr Pinkus Müller'

Die Hammer Straße
Geschichte einer alten Straße

Die Hammer Straße

Geschichte einer alten Straße

Vor 200 Jahren

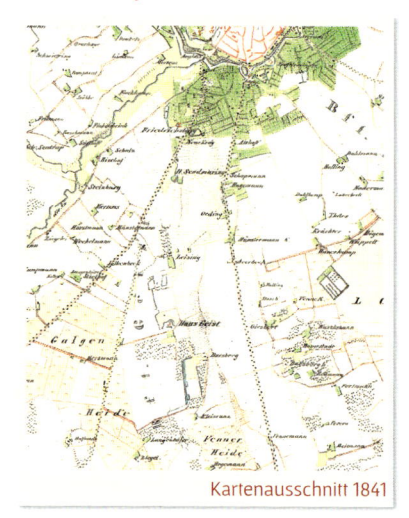

Ein alter Weg führte südwärts vom Ludgeritor nach Hamm und Unna. Er war unbefestigt, so dass die Benutzung je nach Witterung für Reisende zu Fuß, zu Pferd oder auf einem Fuhrwerk ein mehr oder weniger beschwerliches Unterfangen war.

Es gab keine Kanalisation, die das Wasser ableitete, weder Winterdienst, Straßenreinigung, noch Straßenlaternen. Es passierte gar nicht so selten, dass die Fuhrwerke bis zur Radnabe im Schlamm festsaßen.

Kartenausschnitt 1841

Als weitere wichtige Ausfallstraße ist die Weseler Straße mit dem am Scharfen Eck abzweigenden Kappenberger Damm bereits erkennbar.

Hie und da versperrten Schlagbäume den Weg, die sich erst nach Entrichtung des Wegezolls hoben. Alte Bezeichnungen wie ‚Bakenhof' oder ‚Am Schlagbaum' erinnern heute noch an diese Zollstationen.

1827 wurde der Weg zu einer Chaussee ausgebaut, bekam den Namen ‚Hammer Chaussee' und wurde 50 Jahre später in ‚Hammer Straße' umbenannt.

Um 1850 führte der Straßenverlauf durch

Kartenausschnitt 1839

eine kaum bebaute, ländlich geprägte Landschaft. An der Hammer Straße und rund um die ganze Stadt betrieben Münsters Ackerbürger ihre Landwirt-

Die Hammer Straße

schaft. Nahe am Ludgeritor befanden sich eine Windmühle und eine Bleiche. Haus Geist lag damals noch weit außerhalb des Stadtgebietes.

Die spätere Südstraße ist andeutungsweise als Weg zu einem Bauernhof zu erahnen.

Es gibt - damals weit außerhalb der Stadt - die Vennheide, auf der sich Ende des 19. Jahrhunderts eine Pferderennbahn befand. 1907 wurde an dieser Stelle eine große Parade zu Ehren Kaiser Wilhelms II. abgehalten.

Im 1. Weltkrieg lag hier eines der großen Kriegsgefangenenlager Münsters. Dass an dieser Stelle 1927 einmal das Preußen-Stadion stehen wird, ließ sich damals nicht erahnen. Auch die spätere dichte Besiedlung am Berg Fidel dürfte außerhalb der Vorstellungskraft der Menschen gewesen sein.

Kartenausschnitt 1903

Kaiserparade 1907 auf der Vennheide

Rennplatz auf der Vennheide

Preußenstadion um 1930

Die Hammer Straße

Expansion vor 100 Jahren

Nur 60 Jahre später (1905) sind gewaltige Änderungen zu erkennen. Die Stadt expandiert, Münster hat sich mit fast 82.000 Einwohnern vervierfacht (1847 knapp 20.000).

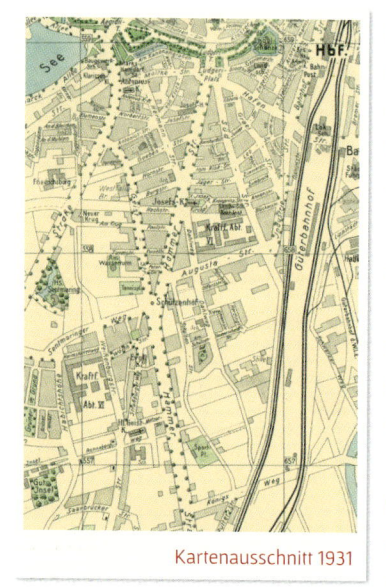

Dominant sticht der Güterbahnhof hervor. Die Bebauung hat sich explosionsartig entwickelt: Städtische Wohngebiete mit neuen Straßenzügen und Infrastruktur sind entstanden - die Straßenbahn der Linie 2 fährt bis zum Schützenhof und weitere Straßen sind in der Planung.

Die Trainkaserne (heute Südpark) zwischen Dahlweg und Südstraße ist gebaut, ihre letzten Gebäude bestanden noch bis 1976.

Die Maschinen- und Fahrzeugfabrik Stille siedelt sich an den Bahngleisen an. Die Fabrik wurde während des Krieges zerstört. Noch 1970 lief kurz vor der Schließung der letzte Miststreuer ‚Mistral' vom Band.

Kartenausschnitt 1931

Der alte Schützenhof

Der Schützenhof - der Grundstein wurde bereits 1844 gelegt - war ein gastronomischer Großbetrieb mit großzügigen Außenanlagen. Der Saal war einer der größten Westfalens und des Rheinlandes und wurde vielfältig genutzt.

Im 1. Weltkrieg diente der Schützenhof als Lazarett. 300 Betten konnten aufgestellt werden. In den 30er und 40er Jahren fanden Großveranstaltungen der NSDAP dort statt.

Massenkundgebung der NSDAP 1931

Die Hammer Straße

Man ist stolz auf den Fortschritt: Der Pferdebus wird durch die elektrische Straßenbahn ersetzt. Die Lizenz für den Personentransport war ursprünglich an einen privaten Fuhrunternehmer vergeben worden.

Volksschule und Josefskirche

Die Behelfskirche rechts am Bildrand

Die Stadt wuchs in den 1870er Jahren rund um die Hammer Straße. Die Kinder wurden zunächst in den Räumen des ‚Alten Kruges' an der Weseler Straße unterrichtet, später dann in einem Schulgebäude Hammer Straße 68. Als auch dieses Gebäude aus den ‚Nähten' platzte, wurde 1881 an der Ecke Hermannstraße-Burgstraße eine neue Schule für 12 Klassen gebaut.

Für die Kinder war gesorgt, nun musste für den neuen Stadtteil auch eine Kirche gebaut werden. In nur 6 Monaten wurde unter dem Architekten Hilger Hertel sen. eine einfache Kirche mit gotischer Stilrichtung erbaut. Bischof Johann Bernhard Brinkmann weihte sie am 7.7.1888 ein. Sie wurde nach dem heiligen Joseph benannt.

Es waren nur etwas mehr als 10 Jahre vergangen, als man sich mit neuen Kirchbau-

Richtfest am 9.1.1902: ‚Unsere Pfarrkirche, wird hübsch, gell?'

Die Hammer Straße

plänen beschäftigte. Die kleine Kirche reichte für die inzwischen 7.000 Katholiken nicht mehr aus. Regierungsbaumeister Bernhard Hertel erstellte die Pläne für eine neugotische Kirche mit doppelter Turmanlage. Die Stadt Münster genehmigte 1899 einen Bauzuschuss über 20.000 Mark.

Am 20. September 1900 war die feierliche Grundsteinlegung. Im Laufe der Bauarbeiten wurde die alte Kirche abgerissen. Am 15. November 1905 weihte Bischof Hermann Dingelstad die neue Kirche ein.

Hammer Straße 39 – Dienststelle der SS

Eckhaus Bernhardstraße, gegenüber der Kronenburg: In diesem Haus befand sich die höchste Dienststelle der SS im Gau Westfalen-Nord. Laut Einwohnerbuch von 1939 wohnte hier Günther Claaßen, SS-Oberführer und Polizeipräsident.

Zerstörung

Eingang zur Südstraße – Sommer 1945 – Fotograf: Carl Pohlschmidt ULB

Im 2. Weltkrieg wurde die Josefskirche stark zerstört.

Am 10. Oktober 1943 kam es zum größten Angriff auf Münster.
Die Menschen waren - soweit es ihnen möglich war - in den Antonius-Bunker geflüchtet.

Die Hammer Straße

Als sie den Bunker verlassen konnten, sahen sie in Richtung Hermannstraße, Hammer Straße und Ludgeriplatz ein einziges Flammenmeer. Die Türme von St. Josef brannten wie riesige Fackeln zum Himmel. Es entwickelte sich einen Flächenbrand, der sich wie eine Feuerwalze immer weiter ausbreitete.

Antonius-Bunker oder von-Kluck-Bunker 1945

Häuser, die bisher nicht beschädigt waren, gingen in dem Feuersturm unter. Löschversuche waren vergeblich.

Die beiden Turmhelme wurden nicht wieder aufgebaut. Nur der linke Turm bekam in den 1950er Jahren ein Türmchen - im Volksmund ‚Zahnstocher' - aufgesetzt. Pfarrer Höing hatte sich gegen einige Widerstände durchgesetzt.

Die ausgebrannten Türme, zerstörte Rosette – Sommer 1945 – Fotograf: Carl Pohlschmidt ULB

Ludgeriplatz Sommer 1945 – Fotograf: Carl Pohlschmidt ULB

Die Hammer Straße

Wiederaufbau und heute

Ludgeriplatz Sommer 1945 – Fotograf: Carl Pohlschmidt ULB

Viele der zerstörten Häuser konnten nicht in ursprünglicher Form wiederaufgebaut werden. In der Mehrzahl entstanden Neubauten größeren Zuschnitts. Nach dem Wiederaufbau ist die Hammer Straße eine der besonders lebendigen, attraktiven Geschäftsstraßen außerhalb des Stadtkerns. Die Straße bietet ein weitgehend einheitliches Bild einer großstädtischen Wohn- und Geschäftshausbebauung der 1950er und 1960er Jahre. Absoluter Mittelpunkt des Viertels ist die Josefskirche, die ohne die Turmhauben etwas düster wirkt.

Obststand 1950er Jahre – Foto: Maria Theresia Seidel

Eine Attraktion der besonderen Art ist das jährliche Straßenfest mit einer Länge von einem Kilometer. Zigtausend Menschen - nicht nur aus Münster - besuchen diese Veranstaltung.

Münsters Bahnhof
im Wandel der Zeit

Münsters Bahnhof

Im Wandel der Zeit

Glückliche Ankunft in Münster i. W. zeigt an:

Anfang des 19. Jahrhunderts

Seit 1815 gehörte Münster zum Königreich Preußen und war seit dieser Zeit Provinzialhauptstadt von Westfalen. Anfang des 19. Jahrhunderts hatte Münster nur 14.000 Einwohner.

Münster um 1840

Durch die neue Bedeutung als Provinzialhauptstadt mit vielen neu geschaffenen Behörden wuchs die Bevölkerung stetig, 1850 waren es bereits 20.000 und zum Ende des 19. Jahrhunderts konnten mehr als 60.000 Einwohner (teilweise durch die Eingemeindung 1875) verzeichnet werden. Münster entwickelte sich in wenigen Jahrzehnten nicht nur zum Verwaltungszentrum sondern auch zu einer bedeutenden Garnisonsstadt und wurde Mittelpunkt Westfalens.

Münsters Bahnhof

Der erste Bahnhof 1848

Eine funktionierende Verkehrsinfrastruktur war in der 1. Hälfte des 19. Jahrhunderts kaum erkennbar. Nur wenige Straßen waren ausgebaut. Der Transport von Gütern und Personen gestaltete sich kostenaufwendig, langwierig und wenig komfortabel. So lag es auf der Hand, dass Politik und Kaufmannschaft in Münster ein großes Interesse am Ausbau der Verkehrsanbindungen hatten.

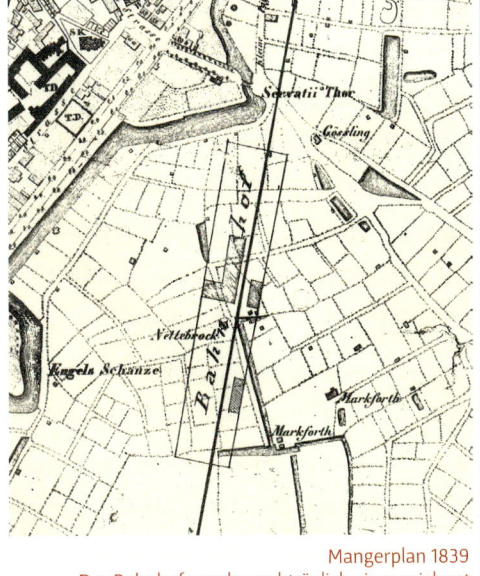

Der erste Bahnhof von 1848 lag klein und fein außerhalb des Promenadenringes vor den Toren der Stadt, zwischen Servatiitor und Engelenschanze, idyllisch inmitten von Gärten und Feldern.

Mangerplan 1839
Der Bahnhof wurde nachträglich eingezeichnet

Zunächst führte die neue Bahnlinie als Stichbahn lediglich nach Hamm; damals und heute ein wichtiger Eisenbahnknotenpunkt. So erklärt es sich, warum der Reisende aus Münster auch heute noch oft in Hamm umsteigen muss.

Münsters erster Bahnhof um 1850 – Stadtarchiv Münster

Münsters Bahnhof

Die Abbildung aus damaliger Zeit zeigt ein villenartiges Gebäude und daneben einen mächtigen, mit Zinnen verzierten Turm und einer weithin sichtbaren Uhr. In diesem Turm versteckte sich ein Wasserbehälter für das Befüllen der Dampflokomotiven.

Der Bahnhof war noch gar nicht ganz fertig gestellt, als am 25. Mai 1848 mehr als 200 geladene Gäste an einer Eröffnungsfahrt von Münster nach Hamm und zurück teilnahmen.

Es war für Münster ein historisches Ereignis und eine weitreichende Weichenstellung für die künftige Entwicklung der Stadt.

Stürmische Entwicklung

Nun ging es Schlag auf Schlag, der Ausbau weiterer Bahnlinien kam hinzu.

Für die neue Bahnlinie Wanne-Eickel-Hamburg führte die Trasse auch an Münster vorbei, und ein weiterer Bahnhof wurde gebaut. Reisende mussten daher weite Wege zum Umsteigen in Kauf nehmen. Da es damals noch keine Bahnunterführungen oder Brücken gab, waren für die Münsteraner zudem längere Wartezeiten

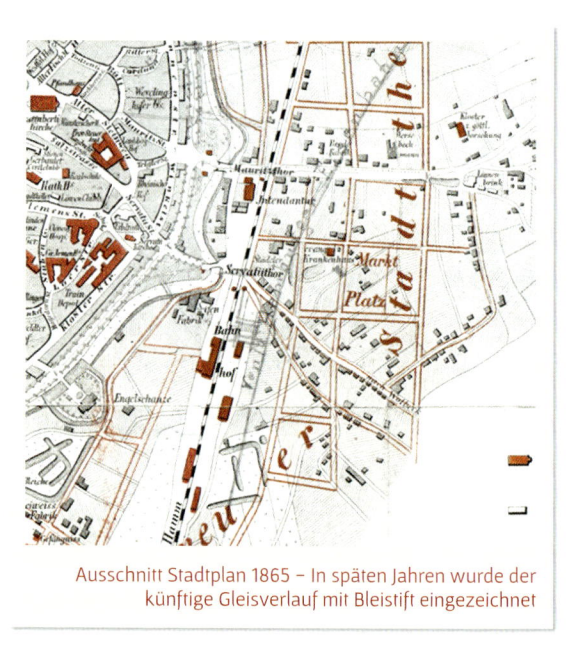

Ausschnitt Stadtplan 1865 – In späten Jahren wurde der künftige Gleisverlauf mit Bleistift eingezeichnet

an den Bahnübergängen nicht vermeidbar. Dieses Ärgernis wurde in der Öffentlichkeit heftig diskutiert. Hinzu kam, dass der erste Bahnhof nach kurzer

Münsters Bahnhof

Zeit viel zu klein geworden war. Niemand hatte mit dem rasanten Wachstum gerechnet.

Es konnte daher nur ein Bündel von Maßnahmen geben: Zusammenfassung der Bahnlinien, Errichtung eines Zentralbahnhofes etwas weiter südwärts, Höherlegung der Strecken, Bau von Eisenbahnbrücken und den Hamburger Tunnel von 1912.

Der Zentralbahnhof

1890 war es dann soweit, der neue Zentralbahnhof wurde eingeweiht. Der Baustil entsprach dem damaligen Zeitgeschmack. Er war nicht nüchtern und sachlich, sondern repräsentativ und phantasievoll verspielt. Am imposanten Haupteingang waren seitlich zwei reich verzierte Kuppeltürme mit sich verjüngenden Spitzen integriert.

Die Bahnsteige überspannte eine mehr als 100 Meter lange beeindruckende Stahl- und Glaskonstruktion.

Münsters Bahnhof

Für die damalige Zeit war es ein aufsehenerregendes Bauvorhaben und eine außergewöhnliche Ingenieurleistung. Zweckmäßigkeit, Modernität und Elemente traditioneller westfälischer Gemütlichkeit fanden in der Ausstattung der Wartesäle zusammen.

Münster Anfang des 20. Jahrhunderts

Einwohnerzahl vom Jahre 1800 bis zur Gegenwart.				
Vom Jahre 1900 an ist der Einwohnerzahl in ( ) die Zahl der darin enthaltenen Militärpersonen beigefügt.				
1800	ca. 14 000	Einwohner	1918	99 212 Einwohner (9740)
1850	„ 20 000	„	1919	100 455 „ (3443)
1860	„ 22 500	„	1920	102 010 ohne Militärpers.
1870	„ 24 500	„	1921	103 206 „ „
1880	„ 40 400	„	1922	104 271 „ „
1890	„ 52 640	„	1923	105 296 „ „
1895	„ 60 341	„	1924	107 107 einschl. Mil.-Personen und
1900	63 754	„ (3732)	1925	108 096 Schupobeamte.
1905	81 468	„ (4190)	1926	110 459 „
1910	91 207	„ (4700)	1927	113 921 „
1911	92 676	„ (5276)	1928	116 040 „
1912	94 683	„ (5250)	1929	118 568 „
1913	96 327	„ (4249)	1930	120 343 „
1914	100 672	„ (12931)	1931	121 662 „
1915	111 506	„ (19986)	1932	122 984 „
1916	107 064	„ (14208)	1933	125 178 „
1917	104 530	„ (15137)		

Neben der inzwischen 50 Jahre alten Bahnanbindung mit einem immer größer werdenden Liniennetz führt nunmehr der Dortmund-Ems-Kanal direkt an Münster vorbei. Der Hafen ist mit dem Bahnnetz verbunden.

Militärische Einrichtungen werden gebaut, die zum Teil ebenfalls mit dem Schienennetz verbunden werden. Bis zu 15.000 Soldaten sind in Münster stationiert. 1914 steigt Münsters Einwohnerzahl auf 100.000.

Blick von der Windhorststraße Richtung Bahnhof

Münsters Bahnhof

Neuer Erweiterungsbau

Einige Jahre nach dem 1. Weltkrieg wird Münsters Bahnhof erneut zu klein. Täglich durchfahren mehr als 800 Züge den Bahnhof. Der Personenverkehr hat drastisch zugenommen. Eine Änderung der Situation war dringend geboten.

Ein großes Problem stellte die Finanzierung dar, und so wurde nach einer kostengünstigen Lösung gesucht. Ein kompletter Neubau schied aus, statt dessen wurde lediglich der Umbau des Bahnhofes beschlossen.

Nachtaufnahme vom Hauptbahnhof

Nun hatte Münster einen ansehnlichen, hellen und freundlichen Hauptbahnhof mit einer stark veränderten Außenfassade. Ein sachlicher Stil der neuen Modernität trat an die Stelle der bisherigen Architektur.

1930 gab es mehrere große Ereignisse in Münster. Neben dem preußischen und westfälischen Feuerwehrverbandstag und der internationalen Freiballonwettfahrt mit dem Besuch des Zeppelins über Münster war es insbesondere der der lang erwartete Katholikentag. Der Bahnhof konnte rechtzeitig fertiggestellt werden. Allein zum Katholikentag kamen mehr als 100.000 Besucher mit der Eisenbahn.

Münsters Bahnhof

Diese außergewöhnliche Belastungsprobe bestand der neue Bahnhof mit Bravour und ohne Probleme.

Zerstörung im 2. Weltkrieg und Wiederaufbau

Im Laufe der Jahrzehnte hatten sich der Bahnhofsvorplatz und die Bahnhofstraße zu wichtigen und stark belebten Verkehrspunkten entwickelt.

Der Bahnhof und der angeschlossene Güterbahnhof waren von großer strategischer Wichtigkeit. So ist es nicht verwunderlich, dass die Bahnanlagen im 2. Weltkrieg ein besonderes Ziel für die Bombardierungen waren. Das Bahnhofsviertel und der Bahnhof wurden nahezu vollständig zerstört. Man konnte vom Bahnhof ungehindert bis in die Innenstadt blicken.

Der zerstörte Bahnhof – Das Gerippe der Bahnsteigüberdachung ist gut zu erkennen.

In den ersten Nachkriegsjahren konnten das Bahnhofsgebäude und die Schienenanlagen nur provisorisch hergerichtet werden.

Münsters Bahnhof

In mehren Bauabschnitten wurde ein neues Bahnhofsgebäude errichtet. Dabei griff man auf die alten Grundrisspläne zurück. Es gab eine besonders helle, lichtdurchflutete Bahnhofshalle; dazu kamen Geschäfte, ein kleines Theater, ein Kino und Imbissmöglichkeiten. Der Neubau war in seinem Stil typisch für die Nachkriegsarchitektur der 60er Jahre.

Foto: Norbert Muddemann

Aus jüngster Zeit

Ein städtebaulicher Höhepunkt war die Errichtung eines Fahrradparkhauses auf dem Vorplatz des Bahnhofs, weil tausende Fahrräder der Pendler die Wege verstellten und die Fußgänger behinderten.

Die Fahrradstation hat Platz für mehr als 3.000 Fahrräder. Schaut man sich allerdings heute in der Bahnhofsgegend um, könnte eine weitere Radstation durchaus hilfreich sein...

Im Laufe der letzten 30 Jahre entwickelten sich neue Probleme. Zum einen hatte

Münsters Bahnhof

der Verkehr weiter zugenommen. Die Tunnel, Bahnsteige, Rolltreppen etc. entsprachen nicht mehr den Anforderungen. Zum anderen wurde für den Erhalt des Bahnhofs zu wenig investiert. Alles war mehr oder weniger marode und heruntergekommen. Als Visitenkarte Münsters konnte der Bahnhof in diesem Zustand schon lange nicht mehr herhalten.

Nach einigem Hin und Her wurden die Bahnsteige im Jahre 2013 von Grund auf saniert und modernisiert, und es wurde im Frühjahr 2015 mit dem Bau eines neuen Bahnhofsgebäudes begonnen.

Der Botanische Garten
Ein grünes Paradies

Der Botanische Garten

Ein grünes Paradies

Münster Anfang 1800

Ausschnitt aus Manger-Stadtplan von 1839

Zu Beginn des 19. Jahrhunderts ist Münster ein kleine Stadt mit etwa 15.000 Einwohnern. Es gibt den Bischofssitz, eine kleine Universität, das fürstbischöfliches Schloss, viele Kirchen, mehr als 200 Schankwirtschaften und natürlich eine geschichtsträchtige Vergangenheit.

1802/1803 übernimmt der preussische Staat das Stift Münster.

Preussische Provinzialhauptstadt ist Münster noch nicht, die unruhigen Zeiten der Besetzung durch französischen Soldaten stehen noch bevor.

Erste Überlegungen

Mit der Eingliederung Münsters in den preussischen Staat gibt es viele Dinge zu regeln. Die preussische Regierung setzt eine Kommission unter der Leitung des Freiherrn von Stein ein, die sich um die Organisation der Verwaltung, der Justiz und des Bildungswesens kümmert.

Die Universität ist nur unzureichend ausgestattet, es fehlen wichtige Forschungsstätten. So kommt es 1803 zu dem Beschluss, einen botanischen Garten mit fremden Bäumen, Sträuchern, Gewächsen und Heilkräutern für die

Der Botanische Garten

wissenschaftliche Forschung und Lehre einzurichten. Zunächst geht es also nicht darum, sich der heimischen Pflanzenwelt zu widmen und diese als Forschungsobjekt zu betrachten.

Die Gründung

Der Arzt und Botaniker Franz Wernekinck bekommt 1803 den Auftrag, ein geeignetes Grundstück zu suchen und einen umfassenden Plan über Baulichkeiten, Bepflanzung, die Herstellungs- und die Folgekosten aufzustellen. Eine immense Aufgabe. Aber es muss das ‚Rad nicht neu erfunden' werden, denn es gibt bereits solche Anlagen. Zu dem Botanischen Garten in Berlin und den Herrenhäuser Gärten in Hannover nimmt Wernekinck daher schriftlichen Kontakt auf.

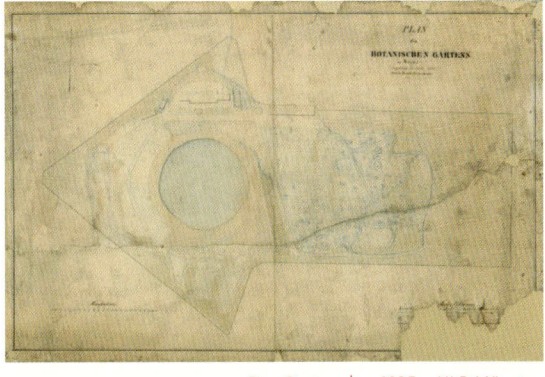

Der Gartenplan 1835 – ULB Münster

Es geht alles sehr schnell, denn bereits Mitte 1803 kann Wernekinck einen ausführlichen Plan vorlegen. Er schlägt den Schlossgarten als geeigneten Standort vor. Der geplante Garten hat einen geometrischen, pfeilförmigen Grundriss und beginnt direkt hinter dem Schlossgebäude. An der breitesten Stelle wird als Mittelpunkt ein runder, 400 qm großer

Idylle am Rande des Teichs

Der Botanische Garten

Teich vorgesehen. Die Längsrichtung wird später verkürzt. Der 24jährige Gärtner Anton Haas ist eingestellt worden, der zunächst andere Gärten bereist, um Erfahrungen zu sammeln. Auch soll er die notwendigen Samen mitzubringen.

Da die Geldmittel unerwartet knapp geworden sind, kann Wernekincks Plan in den ersten Jahren nur eingeschränkt umgesetzt werden.

Unruhige Zeiten

Münster steht in den Jahren 1806 bis 1813 unter der großherzoglich-bergischen und später unter französischer Verwaltung. Es sind schwere Zeiten. Der Unterhalt des Gartens kann nur durch den Verkauf von Obstbäumen und anderer Gewächse aufrecht erhalten werden. Zudem werden Pflanzen aus Privatbesitz zur Überwinterung in das neu errichtete Gewächshaus übernommen. Dann kommt es zur Verpachtung kleiner, ungenutzter Gartenparzellen an interessierte Bürger. Vielleicht kann man dies als Vorläufer der Schrebergarten-Idee bezeichnen...

um 1910 – Privataufnahme

Auch muss der Gärtner Anton Haas wegen fortwährender Unzuverlässigkeit entlassen werden. An dessen Stelle tritt Heinrich Revermann. Diese Personalentscheidung erweist sich als goldrichtig, denn nunmehr geht es mit neuem Schwung voran. Revermann setzt Akzente und prägt die weitere Entwicklung entscheidend mit.

Einwohnerbuch 1853

Der Botanische Garten

Neuordnung und Neuorientierung

Münster steht wieder unter preußischer Verwaltung. 1818 werden durch den Oberpräsidenten von Vincke die juristische und die medizinische Fakultät aufgehoben und nach Bonn verlagert. Die Universität hat nur noch den Rang einer Akademie. Der Botanische Garten mit Franz Wernekinck wird der philosophischen Fakultät zugeordnet.

Ansichtskarte von 1900

Auch die bisherige Zielsetzung änderte sich gravierend: Künftig hat sich der Botanische Garten ausschließlich den einheimischen Pflanzen zu widmen. Einzige Ausnahme bilden die fremden, nichtheimischen Pflanzen, die für medizinische Zwecke geeignet sein müssen. Sie sollen als Anschauungsmaterial werdenden Medizinern präsentiert werden. Auch soll der Schwerpunkt nicht mehr auf der wissenschaftlichen Forschung liegen. Ausdrücklich zugelassen sind die Zucht und der Verkauf von Obstbäumen, Sträuchern und Blumen zur Finanzierung der Ausgaben.

Botanischer Garten.
Karsch Dr., Prof., techn. Vorsteher. Bergstr. 90.   Revermann II., botan. Gärtn. Schloßgrt. 377E.
Revermann I., Botan. Gärtn. Schloßgt. 377E.   Jansen, Schloßgartenwärter. Neuplatz 388a.

Einwohnerbuch 1853

Ansicht um 1900

Der Botanische Garten

Ruhigere Fahrwasser

Die politische Situation hat sich beruhigt, die Franzosen sind abgezogen, und Münster gehört wieder zum Königreich Preußen.

1950er Jahre Privataufnahme

Die finanziellen Mittel sind nach wie vor knapp bemessen. Daher müssen in großen Mengen Bäume und Sträucher für den Verkauf gezogen werden. Auch die Überwinterung von Pflanzen wird weiter angeboten. Von der ursprünglichen Zielsetzung ist man weit entfernt. Überspitzt gesagt: Es besteht die Gefahr, dass aus dem Botanischen Garten eine Gärtnerei mit einer großen Verkaufsabteilung wird.

Einige Jahre später kommt es zur Wende. Es wird höhererseits angeordnet, eine möglichst vollständige Darstellung der deutschen Flora zu erreichen. 1823 wird ein Alpinum (Steingarten mit Alpenpflanzen) angelegt.

Kolorierte Ansichtskarte um 1900

Im klassizistischen Baustil entsteht 1840 die Orangerie, die heute unter Denkmalschutz steht. 30 Jahre später wird das erste Palmenhaus gebaut.

Der tüchtige Gärtner Bernhard Revermann sorgt in seiner 52jährigen Tätigkeit für Kontinuität. Revermann betreibt das Baumschulgeschäft, bringt einen ersten

Der Botanische Garten

Botanisches Institut:
Dr. Brefeld, Geh.-Reg.-Rath, Professor, Director, Königsstr. 10/11.
Cappenberg, Unt., Gärtner, Schloßgarten.

Botanischer Garten:
(Schloßgarten.)
Dr. Brefeld, Geh.-Reg.-Rath, Professor, Director, Königsstr. 10/11.
Heidenreich, Königl. Garten-Inspector, Schloßgarten.
Cappenberg, Gärtner, Schloßgarten.

Einwohnerbuch 1910

Samenkatalog heraus, beaufsichtigt den Schlossgarten einschließlich Botanischem Garten und die Schlossgräfte mit der Fischerei. Eine administrative Leitungsfunktion - so kann heute diese Tätigkeit bezeichnet werden. Dies alles ist für die Anfänge des Gartens von besonders großer Bedeutung und eine Weichenstellung für die Zukunft.

Nach häufigen Wechseln in der Leitung des Botanischen Gartens - unter den Leitern war auch Freiherr von Bönninghausen - wird 1867 Theodor Nitschke (1834-1883), Professor der Botanik, Chef des Botanischen Gartens. Nitschke drängt den kommerziellen Teil zu Gunsten der wissenschaftlichen Forschung und Lehre zurück und betreibt engagiert Öffentlichkeitsarbeit, die bis dahin so gut wie keine Bedeutung hat.

Bootstour am Schloss?

Der Ausschnitt des Stadtplans gibt dank seines Detailreichtums Aufschluss über die damalige direkte Umgebung des Botanischen Gartens. Es mutet heute wie einen phantastischer Aprilscherz an, dass vor 150 Jahren ein Kanal quer durch die Stadt führen sollte.

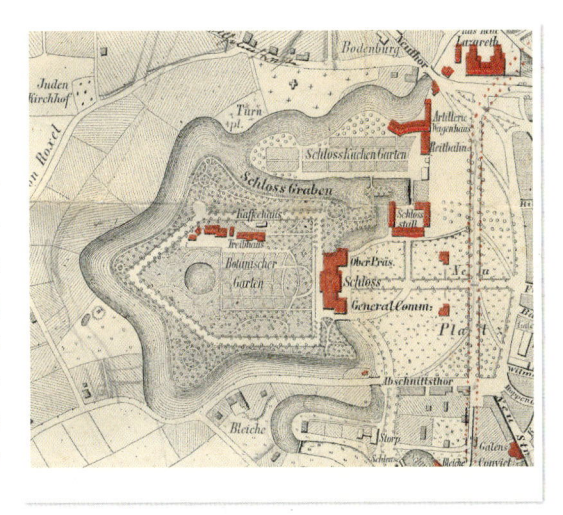

- Im rechten Teil führt über den Neuplatz eine rotgepunktete Doppellinie von unten nach oben. Es handelt sich um einen geplanten Schifffahrtskanal. Damals war ein ein ‚Rhein-Weser-Elbe-Canal' projektiert.
  Von Westen - entlang der Aa - kommend sollte der Kanal in Höhe der Goldenen Brücke das Stadtgebiet erreichen. Die Weiterführung war über den Neuplatz, durch das heutige Kreuzviertel und weiter im Norden über die Kanalstraße stadtauswärts geplant.

Der Botanische Garten

- Der damalige Botanische Garten reicht bis an die Rückseite des Schlosses.
- Zu sehen sind ein großer ‚Schlossküchengarten', Stallungen und eine Reitbahn.
- Im unteren Bereich, halb rechts, gibt es eine Schleuse für die Bewässerung der Schlossgräfte.
- Im unteren Teil ist eine Insel zu sehen. Dort wird 20 Jahre später Münsters Zoo entstehen.
- Südlich und westlich des Botanischen ist kaum eine Bebauung erkennbar. Die Felder werden als Gärten genutzt.

Forschung – Ausbau – Gefährdungen

Das Botanische Institut

In den letzten Jahren des 19. Jahrhunderts entstehen ein kleiner Hörsaal und das Botanische Institut.

Professor Carl Erich Correns (1864-1933) unternimmt im Botanischen Garten intensiv seine Kreuzungsexperimente.

Der Botanische Garten ist mit seinen Einrichtungen eine anerkannte Forschungsstätte geworden.

1913 kommt der Gärtner Georg Ludewig als Technischer Leiter an den Botanischen Garten. In seiner langjährigen Dienstzeit (bis 1947) wird er vor große Aufgaben gestellt: Die beiden Weltkriege und die Inflation der 20er Jahre gefährden den Fortbestand des Botanischen Gartens.

Leitender Gärtner Georg Ludewig

Der Botanische Garten

1915 wird Professor Friedrich Wilhelm Beneke (1868-1946) Chef des Botanischen Gartens. Unter Professor Beneke und Georg Ludewig wird der Botanische Garten weiterentwickelt und ausgebaut. Das Palmenhaus, heute als Tropenhaus bezeichnet, wird 1935 errichtet. Zur Erinnerung daran sind dort Plastiken ihrer Köpfe angebracht.

In diesen Jahren wird die Verlagerung des Botanischen Gartens diskutiert. Aus denkmalpflegerischer Sicht solle der Schlossgarten wieder so hergerichtet werden, wie er einmal war. Heftige Diskussionen werden ausgelöst.

Professor Friedrich Wilhelm Beneke

1940 kommt eine ministerielle Entscheidung, dass mit Rücksicht auf die Kriegsverhältnisse einer Verlagerung nicht näher getreten werden kann.

Zerstörung

Die Auswirkungen der beiden Weltkriege und der Inflation gehen nicht spurlos am Botanischen Garten vorbei. Insbesondere zum Ende des 2. Weltkrieges sind die Zerstörungen an Gebäuden und technischen Einrichtungen verheerend. Viele Pflanzen werden vernichtet. Das Botanische Institut, getroffen durch eine Luftmine, ist ausgebrannt und nur noch ein Trümmerhaufen.

Das Botanische Institut heute

Der Botanische Garten

Wiederaufbau und die Jahre danach

Bereits Ende der 1940er Jahre kann die Öffentlichkeit den Botanischen Garten wieder besuchen. Fünf Gewächshäuser sind bereits hergerichtet. Mit dem Wiederaufbau, der Sanierung und dem Ausbau des Gartens geht es in den nächsten Jahren zügig weiter.

Neue Ideen werden realisiert, ökologische Aspekte finden mittlerweile große Berücksichtigung, insbesondere der Schutz und Erhalt gefährdeter Pflanzen und deren Lebensräume.

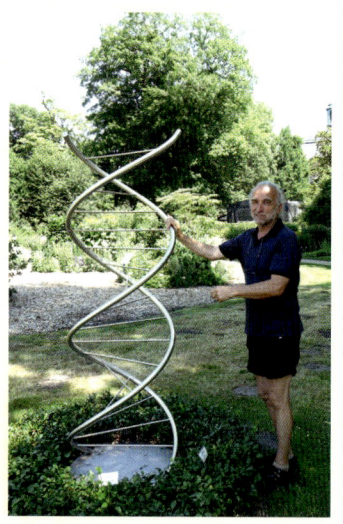

Plastik zur Erinnerung an Carl Correns, mit Herbert Voigt, dem Technischen Leiter des Gartens.

Das Kuhviertel
Eine kleine Welt für sich

Das Kuhviertel

Eine kleine Welt für sich

Das Gebiet

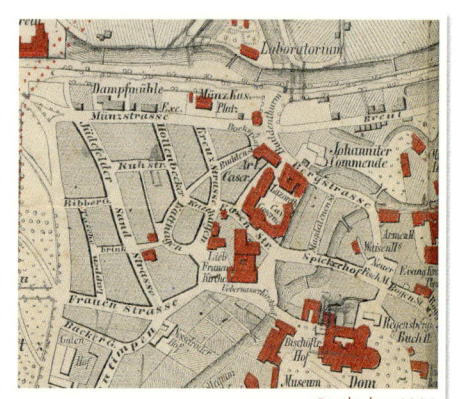

Stadtplan 1864

Das Kuhviertel ist ein kleines Stadtgebiet. Eng umgrenzt von der Münzstraße, der Überwasserkirche, der Frauenstraße und dem Schlossplatz umfasst es nur wenige Straßen. Das alte Kuhviertel ist von seiner Eigenart und von seinem besonderen Charakter her eine kleine Welt für sich.

Dort, wo sich heute an der Münzstraße das Gebäude des Finanzamtes befindet, war früher die fürstbischöfliche Münze. Anfang des 19. Jahrhunderts wird an dieser Stelle eine Kaserne für die Kürassiere eingerichtet. Die sogenannte Münzkaserne hat hier für knapp 100 Jahre ihren Standort.

Der rechts danebenstehende Buddenturm ist der letzterhaltene Wehrturm. Er diente in den Jahrhunderten auch als Gefängnis, als Pulvermühle und als Wasserturm.

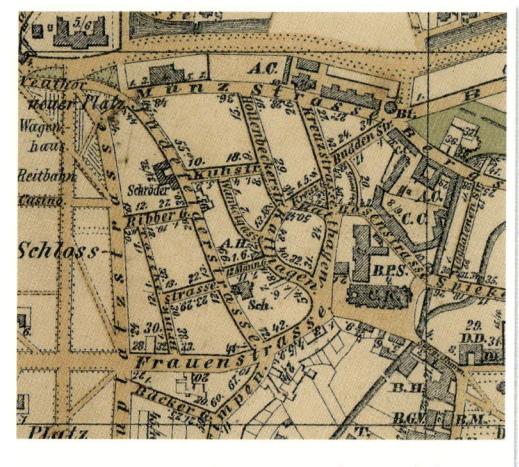

Ausschnitt Stadtplan 1903

Die Bewohner damals

Ein Teil des Viertels hat einen schlechten Ruf. Im 19. Jahrhundert wohnen hier soziale 'Randgruppen' der Gesellschaft. Mit diesen Leuten aus dem 'Ganovenviertel' will der gut situierte Bürger nichts zu tun haben. So gab es auch den Spruch: ‚Tasche, Brink und Ribbergasse - Messerstecher erster Klasse!'.

Das Kuhviertel

Landfahrer, Hausierer, Gaukler und Kirmesleute leben von ihrer Arbeit mit der Hand in den Mund. Im Winter werden Körbe geflochten und Bürsten hergestellt, um sie in den wärmeren Jahreszeiten an den Haustüren zu verkaufen.

Gesprochen wird das rotwelsche Masematte (Zum Beispiel: Was schmust der Osnik? = Wie spät ist es?). Hier haben Sintis, jenische und jüdische Familien ihr Zuhause. Die Bausubstanz vieler Häuser ist marode und baufällig, die sanitäre Situation katastrophal. Es gibt etliche Armenhäuser, am Rande des Gebietes aber auch Adelshöfe.

Der nebenstehende Auszug der Kuhstraße aus dem Einwohnerbuch von 1909 zeigt, dass viele Handwerker und 'einfachere' Berufsangehörige hier zu Hause sind. Nebenbei: Was mag die Tätigkeit eines Aktenhefters (Hausnummer 15) gewesen sein? Aber auch zwei Freiinnen wohnen in der Kuhstraße. Der in Klammern genannte Freiherr Droste zu Stapel ist nicht Bewohner, sondern Eigentümer und Vermieter der Häuser 5, 6, 7, 8 und 9.

Einwohnerbuch 1909 – ULB

Johann Conrad Schlaun lebt zeitweise in seinem Stadthaus in der Hollenbeckerstraße 9. Anfang des 20. Jahrhunderts befindet sich eine Weinhandlung in diesem Haus. In den 20er Jahren wohnen zwei Gräfinnen von Galen hier. Das Haus wird im Krieg zerstört, - die Hausnummer 9 gibt es nicht mehr. - Der bekannte Ornithologe Professor Bernhard Altum wächst in ärmlichen Verhältnissen im Kuhviertel auf.

Auch ist die Schriftstellerin Clara Ratzka möchte ich erwähnen. Das Kuhviertel ist Schauplatz ihres Romans 'Familie Brake'.

Das Kuhviertel

> AUF DEM GRUNDSTÜCK UNSERER SCHULE STAND EINES VON 13 JUDENHÄUSERN, IN DENEN JÜDISCHE MITBÜRGER AB 1939 BIS ZU IHRER DEPORTATION IN DIE NATIONALSOZIALISTISCHEN VERNICHTUNGSLAGER ZWANGSWEISE UNTERGEBRACHT WAREN.

In der Jüdefelderstraße Nr. 10 wohnen die jüdischen Mitbürger Luise und J. Nußbaum, von Beruf Schneiderin und Kellner. Heute steht an dieser Stelle die Gesamtschule Münster-Mitte. Eine Gedenktafel erinnert an das damalige Geschehen.

Hollenbeckerstraße – Erinnerungen

Maria Theresia Seidel wuchs in den Nachkriegsjahren in der Hollenbeckerstraße auf. Sie schreibt:

Auch die Hollenbeckerstraße, von der die Kuhstraße abgeht, wurde sehr zerstört. Lediglich mein Elternhaus, das alte Schlaunsche Eichenfachwerkhaus Nr. 24, das Nachbarhaus Nr. 25 und das Haus von Müller, in dem sich der Kindergarten und danach eine Kneipe (bis heute) befand, blieben nach dem Bombenhagel stehen. Auch der Schlaunsche Hof – gegenüber dem Haus meines Vaters – wurde damals zerstört. Ein Gemälde vom Schlaunschen Hof (ich glaube vom Glasmaler Schlüter) wurde in der Ecke vor dem Nachriegs-"Bahn"bau zur Erinnerung aufgemalt.

Bild links:
Hollenbeckerstr. 24 – Das Schlaunsche Gesindehaus vor dem Krieg. Mein Opa (Schuhmachermeister) wohnte oben, unten hatte er das Haus an den Künstler Hubert Teschlade vermietet. (Foto Maria Seidel)

Meine Mutter erzählte mir, dass die Hollenbeckerstraße nach dem Krieg zunächst nur ein kleiner Pfad zwischen den Trümmern war. Soweit ich mich zurück erinnern kann, war inzwischen schon viel wieder aufgebaut.

Das Kuhviertel

Bild rechts:
Die Hollenbeckerstraße während des Krieges. Die Häuser 24 und 25 wurden nicht zerstört. Am Haus 25 sind Steine an den Kellerfenstern zum Bombenschutz (Splitter, Luftdruck) angebracht. Es liegt Schnee. Mein Großvater fegt den Schnee vor der Haustür.
(Foto Maria Seidel)

Aber ich habe noch gute Erinnerungen an das Spielen mit den Nachbarkindern in und auf den Trümmerbergen; das war eigentlich streng verboten, da meine Mutter immer Angst hatte, dass ich irgendwo einstürze.

Viel später wurde dann ja auch bei Bauarbeiten des neuen Hauses an der Ecke Hollenbecker-, Münzstraße ein alter Eiskeller entdeckt.

Hofansicht der Häuser Hollenbeckerstraße 24 und 25, eingeengt zwischen Nachkriegsbauten. Foto: Maria Seidel

Das Kuhviertel

Geschichte der Straßen

In der Zwölfmännergasse steht bis zur Kriegszerstörung das Zwölfmännerhaus, welches bereits im 12. Jahrhundert erwähnt wurde. Dieses Haus beherbergte 12 Diener der Domkapitulare. Früher war es Sitte, dass der Bischof diesen 12 Männern am Gründonnerstag zur Erinnerung an das letzte Abendmahl die Füße wusch. Die Zwölfmännergasse zwischen Katthagen und Jüdefelderstraße gibt es nicht mehr.

Die Kuhstraße ist die Namensgeberin des Viertels. Diese Straße ist im mittelalterlichen Münster vermutlich nur ein kleiner Weg, über den die hier wohnenden Ackerbürger ihre Kühe auf die vor der Stadt liegenden Weiden treiben.

Kuhstraße heute

Ackerbürger waren Stadtbewohner mit Bürgereigenschaft. Sie betrieben außerhalb der Stadt ihre Landwirtschaft.

Die Jüdefelderstraße ist bereits seit einigen Jahrhunderten bekannt. Sie

Das Kuhviertel

wird nach dem Jüdefelder Tor benannt, das auf die Bauerschaft Jodefeld an der Gasselstiege verweist. Heute noch gibt es dort den Hof Lütke Jüdefeld.

Die Jüdefelderstraße ist vor und nach dem Krieg eine beliebte Einkaufsstraße.

Viele Käufer kommen aus den näheren ländlichen Gebieten. Es gibt fast alle Artikel des täglichen Lebens: Landhandel Lemper, Blumen Krekeler, Klempner Knemeyer, Eisenwaren Borgmann, Kolonialwaren C.W.Pollack, Textilgeschäft Schlamann, Gaststätten Tenkhoff und Kindermann, Fahrradhandel Kneuertz und Textilgeschäft Kaulmann.

Kolonialwarengeschäft im Kuhviertel – Ansichtskarte von Ludwig Post

Katthagen – beliebtes Fotomotiv

Der Katthagen gehört ebenfalls zum mittelalterlichen Straßennetz. Der Name kann darauf hindeuten, dass an dieser Stelle früher Kriegsmaterial gelagert worden ist. Katten: mittelalterliches Kriegsgerät - Hagen: Gebüsch. Es kann aber auch eine kleinere Befestigungsanlage gewesen sein. Als dritte Möglichkeit käme eine Ableitung von 'Katt' auf 'Katze' infrage. Eine gesicherte Aussage gibt es nicht.

Kolonialwarenladen Hill mit Verkäuferinnen am Katthagen

Das Kuhviertel

Kreuzstraße

Im Mittelalter bis zur Täuferzeit tragen Männer der Metzgerzunft in einer Prozession ein Kreuz vom Dom durch die Straßen der Stadt, durch ein Stadttor bis nach Kinderhaus und zurück. Das Stadttor wird daraufhin Kreuztor genannt und die Straße bekommt die Bezeichnung Kreuzstraße. Die Namensgebung für das Mitte des 19. Jahrhunderts entstehende Kreuzviertel und für die etwas später erbaute Kreuzkirche ist auf die alte Kreuzprozession zurückzuführen.

Früher heißt die Buddenstraße auch 'Stegge nach dem Bucksplatz'. Ihren Namen hat sie nach dem Buddenturm - einem Wehrturm der alten Befestigungsanlage - erhalten. Das Worte 'Budde' dürfte sich vom Butzen ableiten, bekannt im Butzemann, dem Kinderschreck. Der Buddenturm war damals für Kinder gewiss geheimnisvoll und dürfte furchteinflößend gewesen sein, so dass es zu diesem Namen kam.

Die neugotische Zinnenkrone wird im Zusammenhang mit dem Einbau eines Wasserspeicher aufgesetzt. Nach dem Krieg erhält der Turm sein ursprüngliches rotes Kegeldach zurück. Auch ist der Turm etwas niedriger als früher, da der Teil für den Wasserspeicher entfernt wurde.

Das Kuhviertel

Der Kleine Drubbel lag zwischen Katthagen und Kreuzstraße. Heute befindet sich an dieser Stelle der Rosenplatz.

Heute...

Das alte Kuhviertel gibt es nicht mehr. Die Bombardierungen im 2. Weltkrieg haben aus dem Viertel eine einzige Trümmerstätte gemacht. Einige Gassen sind für immer verschwunden: Tasche, Lappen, Ribbergasse, Zwölfmännergasse und Brink. Beim Wiederaufbau konnte man der Not gehorchend nur eine einfache Bauweise realisieren. Dennoch kann auch heute noch der Charakter der vergangenen Zeit erahnt werden.

Schon früher gab es im Kuhviertel viele Kneipen und Restaurants. Das ist heute nicht viel anders. Eine vielfältige Gastronomie zieht insbesondere die Studenten der nahegelegenen Universität und die vielen Besucher der Stadt an.

Hollenbeckerstraße – Vom Krieg verschonte Häuser: Haus Nr. 25, links daneben Nr. 24 – 70er Jahre

91

Das Kuhviertel

... und sonst?

Die bekannteste Gaststätte dürfte die Altbierbrauerei Pinkus Müller sein. Sie ist die letzte ihrer Art, in der das münstersche Altbier gebraut wird.

Die kleinste Kneipe Münsters ist die 'Ziege'. Der Gastraum ist höchstens 25 qm groß. Der Wirt - ein Original - umsorgt den Gast fürsorglich; man klönt und fühlt sich wohl.

Die kleinste Kneipe Münsters: Die ‚Ziege' mit Wirt Hati

Die älteste Studentenkneipe dürfte die 'Cavete' sein. Als 20jähriger war ich hier gern zu Gast. Auch heute noch ein absolutes Muss.

Nicht weit entfernt von der Überwasserkirche liegt das Antiquariat Solder, bundesweit bekannt unter dem Namen der Krimiserie 'Wilsberg' - ein beliebtes Fotomotiv für Touristen.

Und dann gibt es in diesem lebhaften Viertel die vielen anderen Kneipen, Gaststätten und Restaurants, wie auch kleine Läden und Handwerksbetriebe und natürlich die Universitäts- und Landesbibliothek am Rande des Kuhviertels.

Am besten, Sie machen sich selbst einmal auf eine Erkundungstour. Es gibt vieles zu entdecken.

Quellen

Hans Josef Böker: Die Marktpfarrkirche St. Lamberti zu Münster, Bonn 1989
Ludwig Ficker/Otto Hellinghaus: Der Kulturkampf in Münster, Münster 1928
Anja Gussek/Heinz Kilian, Münster und die Eisenbahn, Münster 2003
Ludwig Humborg: Historischer Bummel durch Münsters Altstadt-Straßen, Münster 1953
Hans Kaja: Franz Wernekinck – Arzt und Botaniker und seine Pflanzenbilder aus dem Münsterland, Münster 1995
Kaplan Lepping: Mittheilungen aus einer kurz gefassten Chronik, Münster 1883
E. Marcus/H. Prümer/ E. Rade: Professor Landois. Lebensbild eines westfälischen Gelehrten-Originals, Leipzig 1907
Joseph Otto Plassmann: Das Buch vom Zoo 1950 – 75 Jahre Westfälischer zoologischer Garten, Münster 1950
Walter Werland: Münster so wie es war, Münster 1974
Rolf Wiermann: Der Botanische Garten, Münster 2003

sowie:
Münstersche Zeitung: Serie aus den 50er Jahren über Straßennamen
Die Westfälische Landeseisenbahn im Hauptbahnhof Münster, Münster 1949
Statistisches Jahrbuch der Provinzial-Hauptstadt Münster 1937
Das schöne Münster – Hefte 20/1930 und 9/1931
Das schöne Münster: Heft 1/1931
Das schöne Münster: Heft 5/1935
Universitäts- und Landesbibliothek Münster: Auszüge aus Einwohnerbüchern Münsters 1853 und 1910

Bildnachweis

Sofern das Bildmaterial nicht aus der Sammlung Henning Stoffers stammt, ist die Quelle unter der jeweiligen Abbildung genannt.

Die Veröffentlichung der Stadtpläne erfolgt mit freundlicher Genehmigung des Katasteramtes Münster (Kontrollnummer 6222.284.15).
Stadtplan im Klapper hinten: Alexandra Engelbrecht

Die Fotos aus der heutigen Zeit stammen von:
Uwe Krüger: Seiten 21, 46 unten rechts, 71 unten, 72, 73, 83
Stefanie Meyer: Seiten 63, 75 unten, 81 mitte, 82 unten links
Gösta Clemens Peter: Seiten 3, 11, 19 oben, 39, 42 unten, 46 unten links, 47, 55

Der Bildnachweis wurde mit großer Sorgfalt und auf Basis der dem Verlag bekannten Fakten erstellt. Sollten trotz sorgfältiger Recherche nicht alle Rechteinhaber ermittelt worden sein, werden berechtigte Ansprüche selbstverständlich im Rahmen der üblichen Vereinbarungen abgegolten.

Mit freundlicher Unterstützung
der Westfälischen Stiftung für sakrale Kunst, Telgte.

Mein herzlicher Dank für Informationen und Bildmaterial geht an:

Rudolf und Renate Breilmann
Birgit Heitfeld-Rydzik
Friedhelm Langfeld und Barbara Müller
Eckhard Müller
Prof. Dr. Kai Müller
Tobias Reiter
Martje Saljé
Dr. Christian Schröder
Jochen Thiele
Herbert Voigt
das Stadtarchiv Münster
das Katasteramt Münster
die Universitäts- und Landesbibliothek Münster

Insbesondere danke ich meiner Frau Gilla für alle großen und kleinen Hilfestellungen, die ebenfalls zum Gelingen beigetragen haben.

Die in diesem Werk enthaltenen Informationen sind seitens Autor und Verlag mit größter Sorgfalt zusammengestellt und geprüft worden. Allerdings kann keine Haftung für die Richtigkeit der Informationen übernommen werden. Für Anregungen und Hinweise sind wir dankbar.

Impressum:

© 2016 münstermitte medienverlag GmbH & Co KG, Münster
www.muenstermitte-medienverlag.de

Alle Rechte vorbehalten.

Satz und Layout: Stefanie Meyer; Münster
Titelgestaltung: Stefanie Meyer, Münster
Druck: Bitter & Loose GmbH, Greven

ISBN: 978-3-943557-34-3